Written Expression

What you need to know about the Written Expression .... p. 171

Informal Letters .... p. 172

Formal Letters .... p. 179

Postcards .... p. 181

Notes/Messages/Emails .... p. 186

Practice Questions .... p. 189

To Sum Up .... p. 194

Grammar Summary Section

What you need to know about the Grammar Summary Section .... p. 195

Les Articles (Articles) .... p. 196

Les Adjectifs (Adjectives) .... p. 199

Les Adverbes (Adverbs) .... p. 204

Les Noms (Nouns) .... p. 206

Les Verbes (Verbs) .... p. 207

Les Phrases Négatives (Negative Sentences) .... p. 218

Les Prépositions (Prepositions) .... p. 219

Les Pronoms (Pronouns) .... p. 222

Poser des Questions (Asking Questions) .... p. 228

To Sum Up .... p. 231

Table of Verbs .... p. 232

Preface

Succès au Brevet **is designed to prepare students for the Junior Certificate**

- It can be used alone or in conjunction with any textbook and past examination papers.

- It includes questions suitable for **both Higher and Ordinary level** students.

- It **provides additional practice**, using a wide variety of question types for each of the three sections of the paper.

- The **question format** will familiarise students with the questions they will encounter on their examination paper.

Succès au Brevet is divided into four sections

- **Section 1** deals with **Listening Comprehension**. It contains eight complete papers. Teacher's CDs accompany this workbook.

- **Section 2** deals with **Reading Comprehension**. It contains fifteen complete papers.

- **Section 3** deals with **Written Expression**. This section contains examples of each of the written tasks required for the Junior Certificate. There are lists of phrases and expressions, along with worked samples and exercises.

- **Section 4** is a **Grammar Revision Section**. This section contains a **brief summary** of the main grammatical points necessary for the exam, along with **written exercises** for additional practice.
  There is also a **Table of Irregular Verbs** in the five main tenses needed for the Written Expression.

Using this workbook will give students the additional practice so necessary before tackling the Junior Certificate Examination.

Bonne chance à tous !

UNIVERSITY *of* LIMERICK

TELEPHONE: 061 202158 / 202172 / 202163

Items can be renewed from BORROWER INFO on the Library Catalogue
www.ul.ie/~library

PLEASE NOTE: This item is subject to recall after two weeks if required by another reader.

The Educational Company

Table of Contents

Preface .... p. iv

Listening Comprehension

What you need to know about the Listening Comprehension .... p. 1

Paper 1 .... p. 2
Paper 2 .... p. 7
Paper 3 .... p. 12
Paper 4 .... p. 17
Paper 5 .... p. 22
Paper 6 .... p. 27
Paper 7 .... p. 32
Paper 8 .... p. 37

To Sum Up .... p. 42

Reading Comprehension

What you need to know about the Reading Comprehension .... p. 43

Paper 1 .... p. 44
Paper 2 .... p. 52
Paper 3 .... p. 60
Paper 4 .... p. 68
Paper 5 .... p. 76
Paper 6 .... p. 84
Paper 7 .... p. 92
Paper 8 .... p. 100
Paper 9 .... p. 108
Paper 10 .... p. 116
Paper 11 .... p. 124
Paper 12 .... p. 132
Paper 13 .... p. 140
Paper 14 .... p. 150
Paper 15 .... p. 160

To Sum Up .... p. 170

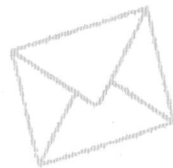

About the Listening Comprehension

The Listening Comprehension is the first part of your examination. **It takes 35/40 minutes.** It is worth **140 marks** or **45%** of your total exam.

What will I hear on the exam?

There are five sections in this part of the examination:

Section A: You will have to **identify what is going on in three different conversations**. You will be given five options to choose from. You will hear each conversation **twice**.

Section B: You will be asked to **fill in grids with personal details about two people**, one male and one female. You will hear each of these conversations **three times**.

Section C: You will hear **five separate items**, which may involve asking for information, making a purchase, spelling a name, figures/prices, making a booking. You will hear each item **twice**.

Section D: You will hear **a long conversation**. You will hear it played right through, then in segments with a pause after each segment and then right through again. In all, you will hear this conversation **three times**.

Section E: You will hear **five short news items**, usually including a weather forecast and a sports report. You will hear each news item **twice.**

How can I prepare for this part of the exam?

- **Listen** to as much French as possible. Go through all the past exam papers you can in class or at home. Use the tests in this book for extra practice.
- **Revise** the French alphabet, numbers, street directions, personal traits, parts of the body, months, days and weather details.
- **Do** some listening revision the evening before your examination.

During the exam

- **Underline** key question words before you hear the passage.
- **Remember** your questions are in English, so answer in English!
- **Jot down** notes for yourself on the first playing. Use the gaps in the test to write full answers.
- **Indicate one answer only** if there is a multiple choice question.
- **Don't leave a blank space.** A partial answer may get you some marks.
- **Check your answers** before the end of the examination to make sure you have left no gaps. If you wrote down a word in French, translate it into English.

Paper 1

Your examination will start with **three** conversations. In the case of each conversation say whether it is about

(a) making an appointment
(b) asking for information
(c) making an apology
(d) making a complaint
(e) asking for directions

You will hear each conversation **twice**. You may answer the question after either hearing. Give the answer by writing a, b, c, d, or e in the appropriate box.

(i) First conversation

(ii) Second conversation

(iii) Third conversation

You will now hear **two** people introducing themselves, first Félix and then Sophie. Each of the recordings is played **three** times. Listen and fill in the required information on the grids at **1** and **2** below.

1 First speaker: Félix

Name:	Félix Havé
Age:	
Birthday:	
Other children in the family:	**(i)** Brothers:
	(ii) Sisters:
How he gets to school:	
One detail about his school:	
Where he hopes to visit next Easter:	
His reason for going there:	
What he usually does at the weekend (**one** detail):	

2 Second speaker: Sophie

Name:	Sophie Niklaus
Country of birth:	
Hair (**one** detail):	
Eyes:	
Sports (name **two**):	**(i)**
	(ii)
Mother's job:	
Country she visited last year:	
One thing she liked about the place:	
What she would like to do when she leaves school:	

You will now hear **five** separate conversations. Each of them will be played **twice**. Listen carefully and answer the questions below.

1 **(a)** What does the lady wish to buy?

_____

(b) Why does she want to buy this item?

_____

2 **(a)** Why is this man telephoning the garage?

_____

(b) Write the rest of his phone number

06	17			

3 **(a)** For what day does the lady make the reservation?

_____

(b) What is her name? Write **one** letter in each box.

B					L		

4 **(a)** Why was Samuel not at school today?

_____

(b) What news does Émilie give Samuel about school?

_____

5 **(a)** What does Sandrine's mother ask her to do?

_____

_____

(b) Why is Sandrine annoyed about this?

_____

_____

Stéphanie is talking to her friend Nicolas. You will hear their conversation **three times**, first in full, then in **four segments** with pauses after each segment and finally right through again. Answer the questions below.

1   **(a)** Where was Nicolas last weekend?

_____

    (b) Where did he stay?

_____

2   **(a)** What had he done to win the prize?

_____

_____

    (b) When did he hear the news?

_____

    (c) How had his friends reacted to his news?

_____

3   **(a)** How had they travelled?

_____

    (b) What did they do on the Saturday morning?

_____

    (c) What was the highlight for Nicolas?

_____

4   **(a)** What does Nicolas suggest to Stéphanie?

_____

_____

    (b) At what time will they meet?

_____

Your listening test will end with **five** short news items from French radio. Each item will be played **twice**. Listen carefully and answer the questions below.

1   **(a)** When did the robbery take place?

_____

  (b) What was stolen?

_____

2   **(a)** Name **one** item which has appeared on the banks of the Seine?

_____

  (b) For how long will these facilities last?

_____

3   **(a)** In what region of France did this incident take place?

_____

  (b) What did the bear cub do when its mother was killed?

_____

4   **(a)** When did this match take place?

_____

  (b) What was the final score?

France: _____   **Scotland:** _____

5   From the list of words given below, select the word which best describes the weather in **each** of the areas of France mentioned.

  Windy – Cold – Cloudy – Misty – Freezing – Snow

  (i) The Atlantic Coast

_____

  (ii) The Pyrenees

_____

Paper 2

Your examination will start with **three** conversations. In the case of each conversation say whether it is about

(a) booking a room in a hotel
(b) booking a table for a meal
(c) buying a drink
(d) making a complaint
(e) buying clothes

You will hear each conversation **twice**. You may answer the question after either hearing. Give the answer by writing a, b, c, d, or e in the appropriate box.

(i) First conversation ☐

(ii) Second conversation ☐

(iii) Third conversation ☐

You will now hear **two** people introducing themselves, first Fleur and then Kevin. Each of the recordings is played **three** times. Listen and fill in the required information on the grids at 1 and 2 below.

1 First speaker: Fleur

Name:	Fleur Clavel
Age:	
Where she lives at present:	
Two details about where she works:	**(i)**
	(ii)
One weekend pastime:	
One dish Mrs O'Brien cooks:	
Plans for next year:	
Future career:	

2 Second speaker: Kevin

Name:	Kevin Félier
Age next birthday:	
On which floor does he live:	
One pet he has:	
Father's job:	
Two of his pastimes:	**(i)**
	(ii)
One success he has had:	
Future career:	

You will now hear **five** separate conversations. Each of them will be played **twice**. Listen carefully and answer the questions below.

1   **(a)** What does this man wish to order?

_____

  (b) What is his surname?

D						S		

2   **(a)** What does the lady want to buy?

_____

  (b) What is the cost of the item she buys?

_____

3   **(a)** What problem does Jonathan have?

_____

  (b) When will they meet?

_____

4   **(a)** What does this family wish to book?

_____

  (b) How many nights do they want to stay?

_____

5   **(a)** Name **one** item in the bag, which the boy has lost.

_____

  (b) At what phone number can he be contacted?

06	07			

Louis and Mathilde meet up. They haven't seen each other for some time. You will hear their conversation **three times**, first in full, then in **four segments** with pauses after each segment and finally right through again. Answer the questions below.

1 **(a)** Why did Louis go to Cork?

_____

(b) How long did he stay there?

_____

2 **(a)** Name **one** thing Louis says about Cork?

_____

(b) What is James studying?

_____

3 **(a)** How did Louis get to college each day?

_____

(b) Name **two** cultural events Louis could attend when he had free time.

(i) _____

(ii) _____

4 **(a)** What does Mr Reardon do each weekend?

_____

(b) How does Louis describe the sport of camogie? (**One** point)

_____

(c) What does he suggest to Mathilde?

_____

_____

Your listening test will end with **five** short news items from French radio. Each item will be played **twice**. Listen carefully and answer the questions below.

1 **(a)** What is the problem in the Perpignan area?

_____

(b) What **two** groups of people are particularly at risk?

(i) _____

(ii) _____

2 **(a)** In what country was this survey carried out?

_____

(b) According to the results, what is the average weight of British women today?

_____

3 **(a)** Why were the young men sent to prison?

_____

(b) When did they receive their sentence?

_____

4 **(a)** In what position in the world rankings does Amélie Mauresmo lie?

_____

(b) What reason did Serena Williams give for not taking part in the semi-final?

_____

5 **(a)** This is the weather forecast for which day and date?

_____

(b) Select **two** of the following words which best describe the weather in Britanny.

Bright – Overcast – Stormy – Rain – Foggy – Freezing

_____

Paper 3

Your examination will start with **three** conversations. In the case of each conversation say whether it is about

(a) looking for something which is lost
(b) buying a book
(c) asking for train times
(d) asking for directions
(e) borrowing something

You will hear each conversation **twice**. You may answer the question after either hearing. Give the answer by writing a, b, c, d, or e in the appropriate box.

(i) First conversation

(ii) Second conversation

(iii) Third conversation

You will now hear **two** people introducing themselves, first Camille and then Luc. Each of the recordings is played **three** times. Listen and fill in the required information on the grids at **1** and **2** below.

1   First speaker: Camille

Name:	Camille Weber
Hair:	
Eyes:	
Pastimes (name **two**):	**(i)**
	(ii)
Mother's job:	
Country she visited last year:	
One thing she liked about it:	
Future career:	

2   Second speaker: Luc

Name:	Luc Legendre
Birthday:	
Number of brothers/sisters:	**(i)** Brothers:
	(ii) Sisters:
How he travels to school:	
One detail about his school:	
Plans for next Easter:	
Reason for this journey:	
One weekend pastime:	

You will now hear **five** separate conversations. Each of them will be played **twice**. Listen carefully and answer the questions below.

1 **(a)** What is Manon buying?

_____

   (b) Where do Manon and Rosalie decide to meet?

_____

2 **(a)** Why was Laurent not at school today?

_____

   (b) What German homework do they have?

_____

3 **(a)** Why does Julie telephone the supermarket?

_____

_____

   (b) She makes an appointment to see the manager. Spell the manager's name.

L					L			

4 **(a)** The man books tickets for which night of the week?

_____

   (b) How much do the tickets cost?

_____

5 **(a)** Why did Toni not turn up to football training last night?

_____

   (b) Why should Toni phone Monsieur Thomas as soon as possible?

_____

_____

Audrey telephones her friend Jonathan. You will hear their conversation **three times**, first in full, then in **four segments** with pauses after each segment and finally right through again. Answer the questions below.

1   **(a)** Why is Jonathan so tired at present?

_____

(b) When will his examinations begin?

_____

(c) Name **one** subject which he is good at?

_____

2   **(a)** Why is Virginie having a party?

_____

(b) What does Jonathon say about Virginie's parents?

_____

3   **(a)** What does Jonathan do each Saturday evening?

_____

(b) Audrey suggests possible presents for Virginie. Name **two**.

(i) _____

(ii) _____

4   **(a)** What does Audrey suggest they do?

_____

_____

(b) At what time will they meet?

_____

(c) Where will they meet?

_____

Your listening test will end with **five** short news items from French radio. Each item will be played **twice**. Listen carefully and answer the questions below.

1 **(a)** What was the nationality of this tourist?

_____

   (b) What was the value of the smuggled goods?

_____

2 **(a)** What age was the escaped prisoner?

_____

   (b) When was he recaptured?

_____

3 **(a)** When are the sales starting?

_____

   (b) When will the sales end?

_____

4 **(a)** What score did this golfer have in the first round of the competition?

_____

   (b) In what position does she now lie in the tournament?

_____

5 **(a)** For what day is the weather forecast?

_____

   (b) From the list of words given below select the word which best describes the weather in this area

   Cloudy – Sunny – Windy – Rainfall – Foggy

_____

Paper 4

Section A

Your examination will start with **three** conversations. In the case of each conversation say whether it is about

(a) booking accommodation
(b) enquiring about class times
(c) making an apology
(d) asking for help
(e) buying stamps

You will hear each conversation **twice**. You may answer the question after either hearing. Give the answer by writing a, b, c, d, or e in the appropriate box.

(i) First conversation ☐

(ii) Second conversation ☐

(iii) Third conversation ☐

You will now hear **two** people introducing themselves, first Anne-Laurence and then Johann. Each of the recordings is played **three** times. Listen and fill in the required information on the grids at 1 and 2 below.

1   First speaker: Anne- Laurence

Name:	Anne- Laurence Urbain
One detail about her town:	
Number of brothers:	
Place in the family:	
One advantage of this:	
One detail about her best friend:	
Two things they do together:	**(i)**
	(ii)
Plans for the coming summer:	

2   Second speaker: Johann

Name:	Johann Bouvier
Nationality:	
Hair (**one** detail):	
Colour of eyes:	
Where he lives:	
One disadvantage of this:	
Name **one** animal on their farm:	
Plans for next weekend:	
One detail about his best friend:	

You will now hear **five** separate conversations. Each of them will be played **twice**.
Listen carefully and answer the questions below.

1   **(a)** What is Brigitte looking for? (**one** item)

_____

      (b) How long is it going to take them to get to their destination?

_____

2   **(a)** What information is this lady looking for?

_____

      (b) Where is the waiting room located?

_____

3   **(a)** Where does this tourist want to go?

_____

      (b) What directions is he given?

_____

_____

4   **(a)** What is this man buying?

_____

      (b) How much does his purchase come to?

_____

5   **(a)** Why does this girl need to make an appointment?

_____

_____

      (b) When is the appointment made for?

_____

Stéphanie and Olivier meet as they leave school after classes. You will hear their conversation **three times**, first in full, then in **four segments** with pauses after each segment and finally right through again. Answer the questions below.

1   **(a)** Give **one** reason why Olivier was late for school this morning?

_____

   (b) How often has he been late for school lately?

_____

2   **(a)** What punishment did he receive from Madame Brown?

_____

   (b) What happened in Madame Clavel's class?

_____

_____

   (c) How did she react? (give **one** point)

_____

3   **(a)** What does Olivier say about the school principal, Monsieur Prudhomme?

_____

_____

   (b) Where is the new café?

_____

4   **(a)** Why can Stéphanie not go away on holidays this year?

_____

   (b) When will her pen friend Aisling come to stay?

_____

   (c) Name **one** of the activities they can do together when Aisling comes.

_____

Your listening test will end with **five** short news items from French radio. Each item will be played **twice**. Listen carefully and answer the questions below.

1 **(a)** When did this accident take place?

_____

   (b) What age was the young woman?

_____

2 **(a)** What caused the closure of the roads?

_____

   (b) Where were most of the tourists from?

_____

3 **(a)** What good news did this young couple get?

_____

   (b) Why had they been taking the bus to work?

_____

4 **(a)** What is the nationality of the winner of yesterday's 10 km sprint in the biathlon?

_____

   (b) At present, in what position is the French competitor Raphaël Poirée?

_____

5 From the list of words given below, select the word which best describes the weather in **each** of the areas mentioned.

   Sunny – Rain– Warm – Foggy – Snow – Frosty

   (i) The Loire Valley

_____

   (ii) The Mediterranean regions

_____

Paper 5

Section A

Your examination will start with **three** conversations. In the case of each conversation say whether it is about

(a) talking about a favourite school subject
(b) looking for a lost book
(c) buying a ticket for a fun park
(d) arriving at a camp site
(e) talking about a favourite TV programme

You will hear each conversation **twice**. You may answer the question after either hearing. Give the answer by writing a, b, c, d, or e in the appropriate box.

(i) First conversation ☐

(ii) Second conversation ☐

(iii) Third conversation ☐

You will now hear **two** people introducing themselves, first Carole and then Alex. Each of the recordings is played **three** times. Listen and fill in the required information on the grids at 1 and 2 below.

1   First speaker: Carole

Name:	Carole Pinard	
Birthday:		
One point about her appearance:		
Mother's job:		
Where she goes at weekends:		
Two countries she has visited:	(i)	
	(ii)	
Favourite subject at school:		
Plans for next summer:		

2   Second speaker: Alex

Name:	Alex Mayet	
Age:		
Where he lives:		
Family business:		
How he helps at weekends (**one** job he does):		
Languages he speaks (name **two**):	(i)	
	(ii)	
What he does with his pocket money:		
What he would like to do when he finishes school:		

Your listening test will end with **five** short news items from French radio. Each item will be played **twice**. Listen carefully and answer the questions below.

1 **(a)** What caused the damage in this factory?

_____

(b) How many employees are now out of work?

_____

2 **(a)** When was the decision to build a tramway taken by the Brest Municipal Council?

_____

(b) When is it hoped that the tramway will come into operation?

_____

3 **(a)** Why is the birth of Amanda so special?

_____

(b) When did the couple come to live in France?

_____

4 **(a)** In what country is this sporting event taking place?

_____

(b) Why has the second round been cancelled?

_____

5 **(a)** This is the weather forecast for which day?

_____

(b) Which type of weather best describes what can be expected today in the Massif Central area? Choose **one** of the following

Rain – Windy – Snow – Sunny spells – Storms

_____

Section A

Your examination will start with **three** conversations. In the case of each conversation say whether it is about

(a) making enquiries in a tourist office
(b) asking for directions
(c) buying fast food
(d) buying food in the supermarket
(e) cancelling a booking

You will hear each conversation **twice**. You may answer the question after either hearing. Give the answer by writing a, b, c, d, or e in the appropriate box.

(i) First conversation ☐

(ii) Second conversation ☐

(iii) Third conversation ☐

You will now hear **two** people introducing themselves, first Patricia and then Jérôme. Each of the recordings is played **three** times. Listen and fill in the required information on the grids at 1 and 2 below.

1 First speaker: Patricia

Name:	Patricia Le Blanc
Place of birth:	
For how long she has been living in Australia:	
The reason for this:	
Advantages of living in Australia (give **two**): (i)	
(ii)	
One thing she misses about France:	
One detail about her school:	
Her plans for next holidays:	

2 Second speaker: Jérôme

Name:	Jérôme Duhamel
Age:	
Number of children:	
Where does he work:	
One activity he does with his children:	
His wife's job:	
Two hobbies: (i)	
(ii)	
His dream for the future:	

You will now hear **five** separate conversations. Each of them will be played **twice**. Listen carefully and answer the questions below.

1   **(a)** When does Audrey hope to go to Ireland?

_____

   (b) What is happening on Tuesday 4, August?

_____

2   **(a)** Why does this man go to the chemist shop?

_____

   (b) Name **one** piece of advice the chemist gives him.

_____

3   **(a)** What is this man looking for?

_____

   (b) Where are they found?

_____

4   **(a)** Where are these young people planning to go?

_____

   (b) How much does it cost on a Wednesday afternoon?

_____

5   **(a)** Which country does this lady wish to visit?

_____

   (b) Spell her surname. Write **one** letter in each box.

B						R	

You will now hear **two** friends, Amélie and Franck talking. You will hear their conversation **three times**, first in full, then in **four segments** with pauses after each segment and finally right through again. Answer the questions below.

1 **(a)** When did Franck get his new mobile phone?

_____

   (b) Who has it now?

_____

2 **(a)** Where was Franck when his phone rang?

_____

   (b) How did Monsieur Coléno react? (**One** reaction)

_____

3 **(a)** How long will Franck be without his phone?

_____

   (b) Name **one** way in which he will miss it?

_____

   (c) Why was his mother particularly angry?

_____

4 **(a)** Why does Amélie have two mobile phones?

_____

   (b) What does Franck offer in return?

_____

   (c) When and where will they meet?

_____

Your listening test will end with five short news items from French radio. Each item will be played **twice**. Listen carefully and answer the questions below.

1   **(a)** What age was the little girl involved in the accident?

_____

   (b) How is the little girl now?

_____

2   **(a)** When did this prisoner escape from prison?

_____

   (b) How were his accomplices dressed?

_____

3   **(a)** Which anniversary of Bob Marley's birth is being celebrated?

_____

   (b) Fans are travelling to this anniversary concert from many countries. Name **one**.

_____

4   **(a)** When did this match take place?

_____

   (b) What was the final score?

   Italy: _____   **Ireland:** _____

5   **(a)** Which one of the following words best describes the weather in the Catalan area today?

   Cloudy – Foggy – Sunny – Rain – Storms

_____

   (b) The temperature will reach what level in the afternoon?

_____

Paper 7

Section A

Your examination will start with **three** conversations. In the case of each conversation say whether it is about

(a) someone making an appointment
(b) someone asking for information
(c) someone making an apology
(d) someone who has lost something
(e) someone who is buying something

You will hear each conversation **twice**. You may answer the question after either hearing. Give the answer by writing a, b, c, d, or e in the appropriate box.

(i) First conversation ☐

(ii) Second conversation ☐

(iii) Third conversation ☐

You will now hear **two** people introducing themselves, first Yasmina and then Laurent. Each of the recordings is played **three** times. Listen and fill in the required information on the grids at 1 and 2 below.

1 First speaker: Yasmina

Name:	Yasmina Hasni
Age:	
Country of birth:	
Number of sisters:	
When she came to France:	
Father's job:	
One reason she dislikes her father's job:	
One pastime she has:	
Where she hopes to go next summer:	

2 Second Speaker: Laurent

Name:	Laurent Aubriet	
Birthday:		
Two details about his appearance:	**(i)**	
	(ii)	
Where his town is situated:		
Where he works at weekends:		
One job he does there:		
What he does with the money he earns (**one** point):		
His future career:		

You will now hear **five** separate conversations. Each of them will be played **twice**. Listen carefully and answer the questions below.

1 **(a)** What does this boy's mother want him to do?

_____

(b) What is he doing at the moment?

_____

2 **(a)** What does this man wish to buy?

_____

(b) Why is he buying this item?

_____

3 **(a)** Why does this lady need an appointment with the doctor?

_____

(b) When is the appointment made for?

_____

4 **(a)** Where does this person wish to go?

_____

(b) How long will it take, if he gets the bus?

_____

5 **(a)** Why is Guillaume not in when Gabrielle telephones?

_____

(b) At what phone number can he be reached?

06	16			

You will hear a conversation between **two** friends Claire and David who meet while they are shopping. You will hear their conversation **three times**, first in full, then in **four segments** with pauses after each segment and finally right through again. Answer the questions below.

1 **(a)** Why does Claire not like going to the shopping centre?

  _____

  (b) When will David's sister celebrate her birthday?

  _____

  (c) How much money is he willing to spend on her present?

  _____

2 **(a)** Name **two** items Claire suggests as a present for David's sister?

  (i) _____

  (ii) _____

  (b) What colour is the gift they eventually choose?

  _____

3 **(a)** What injury did Suzanne sustain when she fell off her motor bike?

  _____

  (b) What event will she miss?

  _____

4 **(a)** What present do they bring to her?

  _____

  (b) What time can they visit the hospital?

  _____

  (c) Which bus will they take?

  _____

Your listening test will end with **five** short news items from French radio. Each item will be played **twice**. Listen carefully and answer the questions below.

1 **(a)** When did these two earthquakes take place?

_____

(b) What was the effect of the first quake?

_____

2 **(a)** How many passengers were injured in the collision?

_____

(b) What happened to the lorry driver?

_____

3 **(a)** Works of art from which country will be on exhibition next week?

_____

(b) What are the opening hours of the exhibition?

_____

4 **(a)** The French boxer won this WBA championship fight. What was the nationality of his opponent?

_____

(b) In what round was the fight stopped?

_____

5 **(a)** Which of the following words best sums up the weather in France for the coming weekend?

Rain – Thunder – Sunshine – Windy – Ice

_____

(b) In the area of Alpes–Maritimes what might occur in the afternoon?

_____

Section A

Your examination will start with **three** conversations. In the case of each conversation say whether it is about

(a) somebody buying sports gear
(b) somebody looking for directions
(c) somebody cancelling an arrangement
(d) somebody buying a rail ticket
(e) somebody making an arrangement to meet

You will hear each conversation **twice**. You may answer the question after either hearing. Give the answer by writing a, b, c, d, or e in the appropriate box.

(i) First conversation

(ii) Second conversation

(iii) Third conversation

You will now hear **two** people introducing themselves, first Marina and then Pierre. Each of the recordings is played **three** times. Listen and fill in the required information on the grids at 1 and 2 below.

1   First speaker: Marina

Name:	Marina Le Gac
Age:	
Birthday:	
Time she leaves for school:	
Subject disliked:	
One reason why she dislikes the subject:	
Favourite sport:	
How often she trains per week:	
Dream for the future:	

2   Second speaker: Pierre

Name:	Pierre Di Lucca	
Nationality:		
Languages spoken (name **two**):	**(i)**	
	(ii)	
Number of brothers and sisters:		
Mother's job:		
One activity he does during the winter:		
Countries he has visited (name **one**):		
Plans for the future:		

You will now hear **five** separate conversations. Each of them will be played **twice**. Listen carefully and answer the questions below.

1   **(a)** Why is Ariane so tired this evening?

_____

   (b) Name **one** thing she plans to do now that she is home.

_____

2   **(a)** What information does this man want sent to him?

_____

   (b) What is his name?

D				R		

3   **(a)** What does the lady wish to buy?

_____

   (b) Where can she buy these?

_____

4   **(a)** What does the girl order to drink?

_____

   (b) How much does the bill come to?

_____

5   **(a)** Where do these tourists wish to go?

_____

   (b) What directions are they given in order to get there?

_____

_____

Two young people Noémie and Thomas meet. You will hear their conversation **three times**, first in full, then in **four segments** with pauses after each segment and finally right through again. Answer the questions below.

1 **(a)** What exam did Thomas feel was very hard?

_____

(b) When will Noémie have her last exam?

_____

(c) Give **one** reason why she feels fairly confident about this exam.

_____

2 **(a)** What does Thomas enjoy doing? (**one** point)

_____

(b) Name **one** thing he says about the city of Frankfurt.

_____

3 **(a)** What were his pen friend's parents like? (**one** point)

_____

(b) Why was his penfriend's sister so unhappy? (**one** reason)

_____

4 **(a)** What kind of restaurant does Noémie's aunt run?

_____

(b) What musical instrument does Noémie play?

_____

(c) Name **one** thing Thomas hopes to do on holidays.

_____

Your listening test will end with **five** short news items from French radio. Each item will be played **twice**. Listen carefully and answer the questions below.

1   **(a)** Why had some inhabitants of the town of Bourg-des-Comptes to leave their homes?

_____

    (b) What is the estimated cost of the damages?

_____

2   **(a)** Where in particular were the police working over Christmas?

_____

    (b) How many people lost their driving licences?

_____

3   **(a)** What did the customs men discover in the passengers' bags?

_____

    (b) Where were these passengers coming from?

_____

4   **(a)** In which indoor sport does Driss Maazouzi take part?

_____

    (b) Why has he decided not to contest the World Championships?

_____

5   **(a)** Which of the following words best describes the weather along the Atlantic coast of France today?

Sunny – Rain – Foggy – Cloudy – Snow

_____

    (b) What temperatures will be experienced today?

_____

To Sum Up - Do's and Don'ts for your Exam

Beforehand

- **Do listen to as much French as you can** beforehand. Use your Edco Exam papers' CDs, your textbook recordings and old tapes your family may have. Watch TV 5, if you can receive it.
- **Do revise** your numbers, days/months, street directions, physical descriptions, colours, sports/hobbies, clothing, venues and vehicles.
- **Do listen** to some French **the evening before** your exam.

On the day

- **Don't be late!** If the recording has started, **you will not be allowed** into the exam centre and you will have lost 140 marks.
- **Do ask immediately**, if you cannot hear the sample recording clearly.
- **Do read the instructions** and **each question** very carefully during the gap provided in the recording.
- **Do underline key question words** – it helps you to focus on the point you need to listen for.
- **Don't panic** if you don't catch the answer **on the first hearing**. You will hear it at least once, if not twice again.
- **Do jot down what you think you heard**, even if it is in French. You can translate it later.
- **Don't be afraid to write down what you thought you heard**. Use a shorthand for this (for example: 'can song', you may later realise that this was 'quinze ans').
- **Do write** half an answer or a **partial answer**, rather than leaving a blank space.
- **Do listen** to the **tone of voice** of the speaker – it may help you, e.g., cross voice (could be making a complaint/giving out), faint voice (could be ill).
- **Don't write more than one answer for a multiple choice** question.

Before you hand up you exam

- **Do check** you have filled in **all the answers**.
- **Do make sure** you have written all your answers **clearly** – use capital letters for multiple choice answer (A, B, C, D).
- **Do ensure** you have written all your answers **in English**.

About the Reading Comprehension

You start this section of your examination when the Listening Comprehension is finished. This section **takes about 60 minutes**. It is worth **100 marks**, or **32%**, of your total exam.

What will I find in the exam?

- All the questions will be **in English**, so your answers must be in English.
- There are **9/10 questions** (many of which have sub-sections). Try and answer all parts of each question.
- The texts will **vary in style and difficulty**, starting off with simple signs and advertisements, progressing to longer more difficult texts. These will be taken from brochures, leaflets, street signs, magazines and newspapers.

How can I prepare for this part of the exam?

- **Read** as much French as you can. This can be from your own textbook, as well as from past exam papers. Use the **Reading Comprehension Tests** (pages 44 to 169) in this book for extra practice.
- **Read** real French documents: French teenage/sports magazines or simple novels. If you are on holidays in France, or know someone who is, pick up tourist information leaflets. Also, many Irish tourist sites now have a French version of their guide.
- **Increase** your vocabulary, by making a note of new words. Have a special notebook for this, keeping words under specific headings, e.g. 'holidays', 'shops', 'food'.

During the exam

- **Note** any headings or titles you are given.
- **Read** all the questions carefully. They may help you understand what the text is about.
- **Underline** key question word(s), e.g. '**Where …?**', '**Why …?**', '**What … yesterday?**'.
- Remember the answers are in the text in front of you. It is a question of locating them. When the text is long, you will be told in which part of the text to look.
- **Questions** appear in the **order** they occur in the text. If you find the answers to (c) and (e), the answer to (d) must be somewhere in between.
- **Write** a partial answer, or make an educated guess, rather than writing nothing at all.
- **Check** your answers before you finish the examination to make sure you have left no gaps.

Paper 1

Match the following sets of signs and pictures. Indicate your answer in all cases by inserting the letters which correspond to the numbers in the boxes below.

1	LOCATION DE VOITURES	A	(bus picture)
2	(sand and tools picture)	B	CONFISERIE
3	ROND-POINT	C	(people seated picture)
4	(ticket machine picture)	D	PÉAGE
5	SALLE D'ATTENTE	E	(vegetable stalls picture)
6	(first aid picture)	F	BILLETTERIE
7	GARE ROUTIÈRE	G	(cars/traffic picture)
8	(sweets picture)	H	PREMIERS SECOURS
9	LÉGUMES	I	(roundabout picture)
10	(motorway picture)	J	TRAVAUX

No.	Letter
1	
2	
3	
4	
5	
6	
7	
8	
9	
10	

Question 2

Read the following signs / advertisements / texts which follow and answer all the questions.

(i) You are visiting France and you wish to buy stamps for some postcards. What sign would you look for in the Post Office?

- **(a)** Timbres
- **(b)** Cartes
- **(c)** Caisse
- **(d)** Mandats postaux

(ii) You want to borrow a book from the local library in France. Where do you go?

- **(a)** Papeterie
- **(b)** Librairie
- **(c)** Marchand de journaux
- **(d)** Bibliothèque

Question 3

This sign indicates that
(a) there is a house for sale.
(b) there is a house for rent.
(c) there is a housing estate nearby.
(d) that this house is for auction.

Maison à louer

Question 4

In a chemist shop, the following sign would be of use

✚ Ordonnances

(a) if you needed to get a prescription medicine.
(b) if you needed to order a beauty product.
(c) if you needed to buy sun-tan cream.
(d) if you needed to buy a film for your camera.

Read this brochure from a museum and answer the questions.

Musée du débarquement – Jour-J

Venez découvrir l'histoire de plusieurs unités de soldats américains, spécialement entraînés pour le débarquement en Normandie.
De nombreux textes, témoignages (en français et en anglais), films et photographies exceptionnels permettront aux visiteurs de mieux comprendre l'importance de ces unités dans le déroulement du Jour-J. La visite comprend notamment une projection vidéo de dix-huit minutes.

Ouvert du 1er avril au 31 octobre, de 10h à 13h et de 15h à 18h.
Fermé tous les lundis.
Tarifs : Adultes : 3,50 € ; Étudiants : 1,80 €

(a) What nationality are the soldiers commemorated in this museum?

_____

(b) Name **one** way in which you can learn about their exploits.

_____

(c) On what day is the museum closed?

_____

Question 6

Read this notice and answer the questions which follow.

EDF informe ses clients que le courant sera coupé :

le mercredi 16 novembre 2007 de 9h30 à 12h00
dans la zone suivante : Quartier les Buissons, Valence
Toutefois, le courant pourra être remis sans préavis avant l'heure prévue.

(a) This notice is about which public service? _____

(b) On what day will this event occur? _____

(c) What might happen without warning? _____

Read the following recipe and answer the questions which follow.

Cake au fromage

Pour 6 personnes

Préparation : 20 mn

Ingrédients : 100 g de lardons, 30 g de beurre,
300 g de fromage râpé, 250 g de farine,
1 sachet de levure chimique, 4 œufs, 20 cl
d'huile d'olive, 20 cl de crème liquide,
sel, poivre

◆ Préchauffez le four à 190°C.
◆ Dans une poêle chaude, grillez les lardons en les
   remuant de temps en temps. Mettez les lardons
   de côté.
◆ Versez la farine, puis la levure dans un grand
   bol. Cassez ensuite les œufs au centre. Mélangez
   le tout avec un fouet en ajoutant l'huile petit à
   petit, puis la crème liquide. Fouettez
   énergiquement.
◆ Ajoutez doucement le fromage et les lardons.

◆ Versez dans un moule à cake. Mettez le moule
   au four pendant 40 minutes. Sortez le moule du
   four et laissez le cake tiédir.
◆ Au bout de 5/10 min, démoulez le cake.
◆ Servez le cake avec une petite salade verte.

(i) Put a tick (✔) in the box opposite to indicate which **five** ingredients are
mentioned.

Ingredients	✔	Ingredients	✔
flour		eggs	
margarine		olive oil	
sugar		currants	
salt		raisins	
chocolate		cream	

(ii) For how long do you cook this cake? _____

(iii) What is the suggestion for serving this cake? _____

You are in France on holidays and notice advertisements for local restaurants. Read the ads and then answer the following questions.

Restaurant – Bar
Sandwichs – Vente à emporter

PIZZERIA ROMA

CARNAC-PLAGE
Tél : 02.97.52.18.96

Cuisine traditionnelle et dégustation de fruits de mer
Terrasse face au jardin de l'Office du tourisme

CARNAC-PLAGE
Tél : 02.97.52.17.54

OISEAU DE MER
Restaurant

RESTAURANT LE LITTORAL

Fruits de mer
Grillades dans la cheminée
– Viandes – Poissons –
Homard

Fermé en décembre et janvier

CARNAC
Tél : 02.97.52.06.14

Restaurant La Licorne

Ouvert toute l'année de 11h00 à 24h00

Repas crêpes : 13 euros ◆ Formule à 16 euros
Menu de la mer : 25 euros
Gourmet-Gourmand : 30 euros
Moules – Fruits de mer

Carnac-Ville ◆ Réservations Tél : 02.97.52.10.14

AUBERGE BRETONNE

Serveurs en costumes traditionnels
Accès direct pour handicapés –
Ouvert toute l'année
Fermé dimanche soir et lundi
sauf vacances scolaires

CARNAC
Tél : 02.97.52.12.15

LA FERME DU VILLAGE

Restaurant – Pizzeria
Aire de jeux pour vos enfants
Repas de groupes ou en famille

CARNAC
Tél : 02.97.52.22.36

RESTAURANT LE SOUS-MARIN

Gastronomie de la mer
Grande terrasse ombragée à 200m de la plage
Parking
5 salles, banquets, séminaires ou groupes

Renseignements et réservations -
Tél : 02.97.52.57.02

Write down the phone number you would ring if you wanted to visit a restaurant which

(a) specialises in barbecue food   02.97.52. _____

(b) has a playground for children   02.97.52. _____

(c) serves pancakes   02.97.52. _____

(d) serves take-away food   02.97.52. _____

(e) has facilities for handicapped customers   02.97.52. _____

Read the following article about the Advent Market in the town of Beaumont and answer the following questions.

Marché d'Avent pour saint Nicolas

1 Un marché un peu particulier s'est tenu ce samedi. Une place avait été réservée aux représentants de Bopfingen, la ville allemande jumelée avec Beaumont, pour marquer la Saint Nicolas.

2 Brigitte Wilke, présidente du comité de jumelage allemand, [ainsi que] plusieurs membres ont été reçus par François Saint-André, maire [de Beaumont], les conseillers municipaux, Anne Giard, présidente, et les membres du comité de jumelage beaumontois.

3 Ce marché était ainsi l'occasion pour les Allemands de présenter et de vendre leurs produits et gâteaux spécialement préparés par les habitants de Bopfingen, ainsi que des objets typiques de la région (couronnes de l'Avent, objets en bois, calendriers…).

4 Dans les pays de l'Est, saint Nicolas est l'équivalent [du père] Noël en France ; il est fêté le 6 décembre. La période de festivités débute avec la fête de l'Avent (2 décembre) jusqu'à Noël ; quatre semaines marquées par l'allumage d'une bougie chaque semaine et la [vente de la] traditionnelle couronne de l'Avent (symbole de paix).

5 En retour, la seconde semaine de décembre sera l'occasion pour les Beaumontois d'aller offrir huîtres et champagne au comité de jumelage de Bopfingen.

© *La Montagne,* 3 décembre 2001

(a) When did the market take place? (**part 1**)

_____

(b) What is the link between the town of Bopfingen and Beaumont? (**part 1**)

_____

(c) Name **two** types of product on sale at the market. (**part 3**)

_____

(d) In which countries is saint Nicholas the equivalent of Santa Claus? (**part 4**)

_____

(e) Name **one** of the customs normally associated with the celebrations at Advent. (**part 4**)

_____

(f) What will the residents of Beaumont give their German visitors? (**one** item) (**part 5**)

_____

Read the following interview with Billy Crawford and then answer the questions which follow.

Une choré[graphie] signée B.C.

1 *À 22 ans, le danseur, chanteur, auteur et acteur qu'est Billy Crawford a pris de la maturité. Après sa rupture avec Lorie, cet hyperactif amorce la rentrée sur les chapeaux de roues. Nouvel album, nouvelles ambitions, des projets plein la tête… Le nouveau B.C. est arrivé !*

Ton album, qui sera dans les bacs le 13 septembre, s'appelle *Big City*. D'où vient ce titre ?
Des initiales de mon nom : B.C. ! Ce disque est très proche de mon histoire, car entre Manille, New York et Paris, j'ai vécu dans de nombreuses grandes villes.

2 Comment y as-tu travaillé ?
J'ai travaillé avec des gens qui ont [travaillé] pour Whitney Houston, Usher, Britney Spears… Le projet a mis plus d'un an à aboutir entre Londres, Atlanta et Paris, et, en tout, j'ai enregistré plus de soixante-dix chansons ! Ce qu'on va faire des quelque soixante titres qui ne sont pas sur l'album ? Certains vont être proposés à d'autres artistes, d'autres figureront peut-être sur des [bandes originales] de film…

Quel souvenir gardes-tu de l'enregistrement ?
En studio, on passait notre temps à blaguer […]. J'ai fini par me […] faire tatouer sur l'avant-bras droit. J'ai créé le motif et j'ai appelé un ami tatoueur qui l'a fait dans le studio d'enregistrement ! Ma mère a moyennement apprécié (*rires*)… C'est 'le cadeau' que je me suis offert pour cet album. Pour *Ride*, je m'étais offert la chaîne avec la croix que j'ai sur la pochette du single de *Bright Lights*.

3 Comment imagines-tu les chorégraphies de tes chansons ?
Je travaille avec Geo, mon chorégraphe et ami que je connais depuis *Trackin'*. On procède toujours de la même façon : on met de la musique et on commence à improviser des mouvements en *free style* en fonction de ce que la musique nous inspire. En même temps, on filme ! Ensuite, on regarde la vidéocassette pour voir ce que l'on aime et ce que l'on n'aime pas, et, à partir de là, on élabore la chorégraphie. Ça peut prendre quatre heures ou deux jours ! […]

4 Tu voyages énormément. Si tu devais t'installer dans une *big city*, laquelle serait-ce ?
Paris, car, finalement, ce n'est pas si grand, les gens arrivent encore à se connaître. Ou Atlanta, en Géorgie, parce que la musique y est géniale, la [cuisine] aussi, et les gens super relax.

5 Tu as l'air d'avoir un portable dernier cri. Es-tu un accro ?

[…] Il est tout récent : il fait caméra, appareil photo, Palm Pilot et enregistreur. Avec lui, je prends beaucoup de photos, je filme des moments sympas et j'enregistre dessus des idées de chanson. En tout, j'ai dû avoir douze ou treize portables : je ne suis pas très soigneux, j'en ai cassé beaucoup. Ma manie, c'est de changer de numéro […] tous les mois pour ne pas être embêté. Tout le monde me déteste à cause de ça ! Ma sonnerie ? Une chanson de Mario Winans.

Tu es chanteur, danseur, acteur, auteur… Comment aimerais-tu évoluer ?

Vers une carrière de producteur, tout en continuant à faire du cinéma. Après *Exorcist: the Beginning* qui sortira en novembre aux États-Unis, il est question d'un autre projet ciné…

© *Miss*, n°150

(a) Apart from being known as an actor, what other careers has Billy Crawford had (name **two**)? **(part 1)**

_____

(b) Why is his new album called 'Big City'? (**one** reason) **(part 1)**

_____

(c) How many songs were recorded for this album? **(part 2)**

_____

(d) What will be done with the songs which were not used on this album? (**one** suggestion) **(part 2)**

_____

(e) What did he do to celebrate the end of the recording of this album? **(part 2)**

_____

(f) Give **two** reasons why he would like to settle in Atlanta, Georgia? **(part 4)**

_____

(g) What **two** uses does he have for his mobile phone? **(part 5)**

_____

(h) What habit drives his friends mad? **(part 5)**

_____

(i) What will his next project be? **(part 5)**

_____

Paper 2

Match the following sets of signs and pictures. Indicate your answer in all cases by inserting the letters which correspond to the numbers in the boxes below.

No.	Letter
1	
2	
3	
4	
5	
6	
7	
8	
9	
10	

Picture labels:

1.
2. MARCHÉ
3.
4. VÊTEMENTS ENFANTS
5.
6. TIMBRES
7.
8. EAU POTABLE
9.
10. DÉPARTS

A. GUICHET
B.
C. BIBLIOTHÈQUE
D.
E. PLATS SURGELÉS
F.
G. ATTENTION ! ÉCOLE
H.
I. PORT
J.

Read the signs / advertisements / texts which follow and answer all the questions.

(i) You are in a French department store and would like to find the exit. Which of these signs would you look for?

(a) Accès au sous-sol

(b) Sortie

(c) Accès aux escaliers

(d) Accueil

(ii) You want to get a car wash for your car while you are on holidays in France. Which sign would you look out for?

(a) Lave-vaisselle

(b) Machine à laver

(c) Lave-voiture

(d) Location de voitures

Question 3

This sign is of interest to

Soldes cette semaine sur tous les vêtements

(a) bargain-hunters.

(b) cyclists.

(c) vets.

(d) car-owners.

Question 4

What is being celebrated with this card?

Joyeuses Pâques !

(a) someone's birthday

(b) someone's engagement

(c) Easter

(d) International Peace Day

Read the newspaper advertisement and answer the questions.

LES SOIRÉES *estivales*

2006

CONSEIL RÉGIONAL RHÔNE-ALPES

VALENCE

Place de la Mairie

Le 7 août à 21h00

Jazz Manouche

ENTRÉE GRATUITE – 04.75.43.56.48

(a) When will this concert take place? _____

(b) Where will it take place? _____

(c) What is the cost of entry? _____

Question 6

Read the advertisement and answer the questions.

Château – Hôtel

Cet ancien château du XVIe siècle en pierre de grès se situe dans un cadre calme et romantique, sur un domaine de 78 hectares, avec un très grand lac et des bois.

Douze chambres, toutes avec salle de bains privée.

Sur place vous trouverez piscine, forêt, tir à l'arc, pêche, vélos…
- à 1 km : village, tennis
- à 5 km : centre équestre
- à 15 km : aéroport

Prix par nuit, petit déjeuner inclus à partir de 60 euros.

(a) How many bedrooms are there in this accommodation? _____

(b) Name **two** activities available at the Château? _____

(c) What does the price €60 cover? _____

Read the results of this survey and answer the questions.

82% des hommes affirment mettre volontiers la table ou la débarrasser. Ils sont 72% à préparer le repas et 66% à faire la vaisselle de leur propre chef.

Vous trouvez qu'il y a un léger décalage avec la réalité ? Pour en avoir le coeur net, montrez-lui ces chiffres et, ce soir, n'entrez pas dans la cuisine, vous serez fixée !

Source: *étude TNS Sofres*

(a) According to this survey, what do 82% of the male participants say they do?

_____

_____

(b) What percentage said they did the washing-up?

_____

(c) Name another household task mentioned in the article.

_____

_____

Your parents are thinking of buying an apartment in Grenoble in France and have some brochures. Read the ads below and then answer the following questions.

Grenoble

Dans bel immeuble, studio au dernier étage. Cuisine indépendante équipée, mezzanine, WC indépendant, salle de bains. Terrasse, vue dégagée, cave.

125 000€

Grenoble

Immeuble en bord de rivière, petit studio très bien agencé. Proche commodités, arrêts bus et tram à proximité, idéal pour étudiant.

85 000€

Grenoble

Dans résidence de bon standing, studio en bon état avec belle terrasse donnant sur des jardins, 3e étage, parking.

100 000€

Grenoble

Dans un immeuble de grand standing, 2 pièces, bon état, terrasse et climatisation. Vendu meublé.

120 800€

Grenoble Centre

Charmant studio 32m². Accès très facile, parfait état. Lumineux et calme, cuisine indépendante. Salle de bains et WC indépendants.

95 600€

Grenoble Centre

Beau studio de 32m², immeuble standing, proche du centre ville, dans un quartier calme. Cuisine indépendante, grande terrasse, rangement. À voir !

98 500€

How much would they have to pay if they wanted to buy an apartment

(a) near the centre of town? € _____

(b) which overlooks gardens? € _____

(c) which has air-conditioning? € _____

(d) which overlooks the river? € _____

(e) which has a cellar? € _____

Read this magazine article on sunbathing and indicate with a tick (✓) whether the following statements are **True** or **False**.

Huit recommandations pour bien profiter du soleil :

1 Préparez votre peau au soleil : pour un bronzage durable, consommez des produits riches en carotène (carottes, tomates, fruits colorés, etc.).

2 Surtout, évitez de vous exposer pendant les heures les plus chaudes de la journée. Les rayons sont particulièrement brûlants entre 11 heures et 16 heures.

3 Pensez à protéger vos cheveux du soleil, de l'eau de mer, du sable et du vent. Si vous allez à la plage, lavez soigneusement vos cheveux en fin de journée avec un shampooing spécifique.

4 Lisez bien les notices des médicaments que vous prenez avant de vous exposer au soleil. Certains médicaments peuvent provoquer des taches sur la peau.

5 Lorsque l'on s'expose au soleil, il faut boire au moins 1,5 litre d'eau dans la journée pour éviter de se déshydrater.

6 Choisissez votre crème solaire en fonction de votre type de peau, et non pas celle de vos amis. Le choix se fait en fonction de l'endroit où vous passez vos vacances. Le soleil peut être plus fort sous les tropiques et à la montagne qu'à la campagne ou dans votre jardin.

7 Appliquez votre crème solaire plusieurs fois par jour, surtout après un bain de mer ou après vous être essuyé(e).

8 Protégez vos yeux ! Ne choisissez pas des lunettes de soleil parce qu'elles sont à la mode. Pensez surtout à vous protéger. Les rayons font bronzer la peau, mais ils peuvent aussi faire 'bronzer' les yeux !

Statement	True	False
(a) You should sunbathe only between the hours of 11 am and 4 pm.	☐	☐
(b) The sea can cause damage to your hair.	☐	☐
(c) You should be careful if you are taking medication when you sun bathe.	☐	☐
(d) Don't drink too much water while sunbathing.	☐	☐
(e) It is safe to use your friend's sun cream.	☐	☐
(f) The sun's rays can 'tan' your eyes as well as your skin.	☐	☐

Read the following article about Ilona Metrecey, whose first single was one of the biggest sellers in France in 2005 and answer the questions which follow.

Elle n'est ni la nouvelle Lorie, ni la grande sœur de Jordi, juste une jeune fille à l'aube de l'adolescence qui, sans jamais avoir eu l'idée de devenir chanteuse, ni (encore moins) star a réussi l'exploit presque involontaire de faire de son premier single un des plus grands tubes de 2005 !

1 À propos de qualités

Des qualités, Ilona n'en manque pas. Hormis son talent de chanteuse, elle est intelligente, très mature pour son âge, bonne élève à l'école et, enfin, dotée d'un véritable sens de l'humour.

À propos de dons

En plus du chant, Ilona, qui a beaucoup d'oreille, joue très bien du saxophone. Elle est aussi très douée pour l'écriture. Très imaginative, elle adore inventer des histoires qu'elle prend beaucoup de plaisir à rédiger. D'où son désir de transposer ses romans, plus tard, pour le cinéma.

À propos de quotidien

Ilona aime bien prendre son temps pour se réveiller et pour son petit déjeuner – généralement devant la télé. Et quand elle n'a pas école, elle passe souvent beaucoup de temps sur son ordinateur, soit pour jouer, soit pour chatter. Elle aime aussi sortir faire du street hockey avec ses amis.

À propos d'école

Ses matières préférées sont les sciences naturelles, l'anglais, l'histoire […], le sport et la musique. En revanche, elle n'aime pas trop les maths.

2 À propos de complexes

Comme tous les ados, Ilona reconnaît ne pas trop apprécier certaines choses en elle. Physiquement, c'est son nez qu'elle aime le moins, et psychologiquement, elle déplore le fait d'être assez lunatique […].

À propos de beauté

Son seul secret de beauté est… le naturel. Pas spécialement coquette, elle n'aime ni les bijoux, ni le maquillage. La seule manière, pour elle, de se faire belle est de se brosser les dents et se laver les cheveux.

À propos de vacances

Entre la mer et la montagne, c'est la première qu'elle préfère. Même si elle aime bien le ski, c'est à la plage qu'elle s'amuse le mieux. Passant régulièrement ses vacances d'été au même endroit, elle y retrouve chaque année sa même bande de copains et copines.

À propos de télé

Elle a horreur de se voir à la télé ou de s'entendre à la radio. Étant devenue chanteuse un peu par hasard, elle ne prend pas ce rôle très au sérieux. Du coup, voir sa propre image à la télé la met plutôt mal à l'aise.

3 À propos d'avenir

Plus tard, elle se voit bien travailler dans le cinéma. Pas forcément en tant qu'actrice : devant ou derrière la caméra, cela lui est presque égal. 'Presque' car, à choisir, elle préférerait même être derrière. En effet, passionnée d'histoires fantastiques et d'effets spéciaux, elle se voit bien écrire ses propres scénarios pour les réaliser ensuite.

À propos de vœux

Faire le métier qu'elle aime et fonder une famille […] sont ses vœux les plus chers pour l'avenir.

© *Star Club* n° 213, août 2005

(a) Apart from her singing ability, name **two** other qualities which Ilona has. (**part 1**)

_____

(b) Apart from singing, how does she show her creative qualities? (**part 1**)

_____

(c) What do we learn about her habits in the morning time? (**one** detail) (**part 1**)

_____

(d) What subject does she not like so much at school? (**part 1**)

_____

(e) What aspect of her features does she not like? (**part 2**)

_____

(f) What is her recipe for looking good? (**part 2**)

_____

(g) What is the advantage of spending her holidays in the same place each year? (**part 2**)

_____

(h) What makes her feel uneasy? (**part 2**)

_____

(i) In what aspect of film-making would she really like to be involved in the future? (**part 3**)

_____

(j) Name **one** of her dearest wishes for the future. (**part 3**)

_____

Paper 3

Question 1

Match the following sets of signs and pictures. Indicate your answer in all cases by inserting the letters which correspond to the numbers in the boxes below.

No.	Letter
1	
2	
3	
4	
5	
6	
7	
8	
9	
10	

1. CHIEN DE GARDE
2. (picture of a crashed car)
3. RUE PIÉTONNE
4. (picture of children by a swimming pool)
5. MACHINE HORS SERVICE
6. (picture of an airport/station)
7. BELLES POMMES
8. (picture of water and gym rings)
9. BOUCHERIE
10. (picture of school bags)

A. (picture of meat/butcher)
B. CARTABLES
C. (picture of apples in bags)
D. SERVICE DE DÉPANNAGE
E. (picture of a wolf/dog)
F. GYMNASE
G. (picture of people in a gym)
H. POINT DE RENCONTRE
I. (picture of a vending machine and man)
J. BASSIN ENFANTS

Question 2

Read the signs / advertisements / texts which follow and answer all the questions.

(i) You are looking for an internet site concerning the French sport of bowling. Which site would you click on?

(a) www.vélosports.fr

(b) www.tiràlarc.fr

(c) www.escrime.fr

(d) www.pétanque.fr

(ii) On your French holiday campsite, which sign directs you to the reception desk?

(a) Emplacements

(b) Accueil

(c) Piscine

(d) Aire de Jeux

Question 3

This sign is of interest to

Promotion !
Baskets à prix réduits

(a) gardeners.
(b) sports people.
(c) bakers.
(d) craftspeople.

Question 4

Where might you find this sign?

COMPOSTEZ VOS BILLETS, S'IL VOUS PLAÎT !

(a) in a recycling centre
(b) in a railway station
(c) in a public park
(d) in a gardening magazine

Question 5

Read this notice and answer the questions below.

> **Vente de meubles et d'objets anciens chinois certifiés authentiques**
>
> Magasin ouvert du mardi au samedi de 10h00 à 19h30
>
> **Parking gratuit réservé à la clientèle**

(a) What is being offered for sale? _____

(b) From which country do they come? _____

(c) On what days is the shop closed? _____

Question 6

Read this extract from a tourist brochure and answer the questions which follow.

- Du 30 juin au 3 juillet **Championnat de France de voile** de la classe 747, affrontement des meilleurs équipages de la série. La vivacité de ces monotypes n'a d'égale que celle de leurs skippers.

- **Festival de Arsène Lupin :** pour les passionnés du gentleman cambrioleur !

- **Le 1er août à Yport :** la traditionnelle fête des marins et des peintres, avec au programme une messe solennelle, suivie d'une bénédiction de la mer et des bateaux. Durant la journée, de nombreux artistes réalisent des œuvres vendues le soir aux enchères.

- À l'occasion de cette fête le port de Saint-Valéry-en-Caux accueille toute **une flotte de vieux gréements** en provenance du grand ouest dont le célèbre Marité à trois mâts du début du siècle.

- Le dimanche 28 août **13ème course des falaises :** une course pédestre de 28,4 km.

À ne pas manquer !

© *Destinations Côtes Normandes*, Guide 2005

(a) Which sport will hold a championship event from 30 June – 3 July?

_____

(b) Name **one** event which will take place during the festival at Yport on 1 August?

_____

(c) What type of race will take place on Sunday 28 August?

_____

Read this extract on healthy eating and answer the questions below.

Mangez équilibré

- Choisissez des aliments qui apportent des protéines (comme le jambon, la volaille, le poisson, notamment le thon et les sardines, les œufs, etc.).
- Mangez beaucoup de fruits frais ou en compote (sans sucre). N'oubliez pas les tomates, la salade, la vinaigrette, les soupes sans sel, les pâtes et le riz.
- Préférez les yaourts nature.
- Choisissez des boissons sans sucre ajouté (pour les jus de fruits et les eaux aromatisées), le lait demi-écrémé et les sodas allégés. Buvez en quantités raisonnables.
- Évitez les frites, les chips, les pizzas et les aliments trop sucrés (glaces, bonbons, gâteaux, barres chocolatées, etc.).

(a) Name **two** of the items you should include in your diet, which will give you protein.

(b) What should you look for when choosing what you drink?

(c) Name **two** types of food which you should eat very little of?

You are reading a French TV guide. Read these previews and answer the following questions.

La semaine de la santé

Le nouveau magazine de la santé s'engage à apporter une réponse médicale quotidienne aux questions des téléspectateurs.

Une dernière chance !

Le parcours sur plus d'une année de trois chômeurs allemands pour retrouver du travail.

François Truffaut

À travers ses notes de travail, les extraits de ses films, ses interviews et celles de ses acteurs, cette émission retrace la vie du réalisateur.

En quête de preuves

Près de la gare, on a retrouvé poignardé le corps d'un jeune toxicomane. Feldman reconnaît la victime.

L'équipe du dimanche

Toute l'actualité du foot présentée par Hervé Mathoux et ses chroniqueurs qui continuent de passer en revue les championnats européens.

Vis ma vie !

Françoise, agricultrice et Marie, Parisienne, échangent leur quotidien pendant deux jours.

La colère des pères
Documentaire

Les pères des familles du quartier de Stalingrad dans le nord de Paris se sont regroupés pour partir en guerre contre les drogues.

Which programme would you watch if you wanted to see

(a) a programme where parents get together to fight against drugs in their area?   _____

(b) a sports programme?   _____

(c) a murder mystery?   _____

(d) a programme about a French film director?   _____

(e) a programme where people swap lifestyles for a short period?   _____

Having read the story of Sophia, indicate with a tick (✓) whether the statements are **True** or **False**.

Vengeance [...]

Un soir, je m'étais moquée de la nouvelle coupe de cheveux de mon frère, que je n'aimais pas. On s'était donc couchés fâchés...

Le lendemain, à mon réveil, ne sentant plus mes cheveux sur mes épaules, je me suis précipitée dans la salle de bains pour me regarder dans le miroir, et là, j'ai hurlé ! Pendant la nuit, mon frère avait coupé ma queue-de-cheval juste en dessous de l'élastique. Il avait laissé, à côté de mon oreiller, un mot sur lequel il avait écrit : « *Moi non plus je n'aime pas ta nouvelle coupe.* »

J'ai dû aller au collège comme ça, les cheveux coupés n'importe comment, avec des mèches plus longues que d'autres. J'ai mis une casquette que la surveillante m'a fait enlever en permanence. Tout le monde s'est alors moqué de moi.
Heureusement, le soir même, je suis allée chez le coiffeur, qui a réussi à rattraper le coup. Ouf !

© *Miss,* Sophia, 14 ans

Statement	True	False
(a) Sophia teased her brother about his new hairstyle.	☐	☐
(b) She felt something was different about her hair next morning.	☐	☐
(c) When she looked in the mirror she was very pleased.	☐	☐
(d) Her brother had left an elastic band on her pillow.	☐	☐
(e) She wore a cap to school to go with her new hair-do.	☐	☐
(f) She went to the hairdresser that evening.	☐	☐

Read the article about the British singer Gareth Gates and answer the following questions.

Gareth Gates – pour le pire et le meilleur

Par amitié pour vous, Gareth Gates s'est livré au jeu du pire et du meilleur.

1 À l'école
Le meilleur

Contrairement à la majorité, j'adorais aller à l'école. Enfin… surtout les cours de musique, d'art et de sport. Avec le recul, je dirais de passer toutes mes journées avec mes copains. Parce qu'aujourd'hui, je suis tellement pris que je n'ai plus le temps de les voir. […]

Les Vacances
Le meilleur

Sans aucun doute mon voyage aux Maldives avec ma sœur, en janvier dernier. C'est le plus bel endroit que j'ai jamais vu. On avait un bungalow rien qu'à nous, c'était le paradis. […]

2 Moment
Le meilleur

Quand *Unchained Melody* est entré No.1 des Charts britanniques. Et puis, le jour où j'ai tenu mon album entre mes mains. J'en pleurais presque !

Les Vêtements
Le meilleur

Tout ce qui passe, du moment que ça me donne un air bien sexy… pour mes fans.

À l'hôtel
Le meilleur

Ne pas avoir à faire ton lit le matin.

3 À l'école
Le pire

Les examens ! Ça n'est pas que je détestais ça, mais il fallait tellement réviser avant, que j'en garde un mauvais souvenir.

À la télé
Le pire

Donner de longues interviews, car j'ai un problème de langage et je m'exprime encore difficilement. Mais j'y travaille !

Moment
Le pire

Une fois, à un concert, la musique est partie trop tôt et j'ai dû me ruer sur scène pour attraper le micro.

(a) (i) Name **one** thing Gareth liked about school? (**part 1**)

_____

(ii) Why does he not see his friends so often nowadays? (**part 1**)

_____

(b) (i) He almost cried – for what reason? (**part 2**)

_____

(ii) Why does he like staying in a hotel? (**part 2**)

_____

(c) (i) What did he not like about doing examinations? (**part 3**)

_____

(ii) What was his worst moment on stage? (**part 3**)

_____

(d) Why does he not like answering questions about his love life? (**part 4**)

_____

(e) (i) During his concert in Germany, why did he decide to use a 'play-back'? (**part 4**)

_____

(ii) Because they used an orchestral version, what did Gareth have to do? (**part 4**)

_____

Paper 4

Question 1

Match the following sets of signs and pictures. Indicate your answer in all cases by inserting the letters which correspond to the numbers in the boxes below.

1	RAYON VÊTEMENTS HOMMES	A	
2		B	GLACES
3	VÉLOS À LOUER	C	
4		D	PARKING COMPLET
5	BUVETTE	E	
6		F	CHARIOTS
7	BOULANGERIE	G	
8		H	INTERDIT AUX CHIENS
9	MAIRIE	I	
10		J	PASSAGE PROTÉGÉ

No.	Letter
1	
2	
3	
4	
5	
6	
7	
8	
9	
10	

Read the signs / advertisements / texts which follow and answer all the questions.

(i) You and your family are on the motorway and want to stop for a rest. What sign would you look for?

- **(a)** Aire de jeux
- **(b)** Aire de repos
- **(c)** Péage
- **(d)** Station-service

(ii) On holidays in France you find that the post office is closed. Where else could you buy some stamps?

- **(a)** Mairie
- **(b)** Marchand de fleurs
- **(c)** Tabac
- **(d)** Gare SNCF

Question 3

What does this sign ask you to do?

Gardez le centre-ville propre !

- **(a)** Behave properly in the town.
- **(b)** Guard against pickpockets.
- **(c)** Avoid the centre of the town.
- **(d)** Keep the town centre tidy.

Question 4

Where did this bill come from?

2 choux .... 1,20€
5 kilos de pommes de terre ... 4,50€
3 poivrons .... 1,00€

- **(a)** a restaurant
- **(b)** a vegetable shop
- **(c)** a fruit shop
- **(d)** a baker's shop

Read this advertisement and answer the questions.

Soirée Jazz!

Renseignements et réservations
Tél : 04.93.14.19.13

Samedi 15 mars 2007

Dans le cadre des soirées estivales du Conseil Général

Entrée libre

(a) What event is being advertised? _____

(b) When will it take place? _____

(c) How much will it cost? _____

Question 6

Read this brochure and answer the questions below.

TAUTAVEL

Centre Européen de Préhistoire

Un fabuleux voyage dans le temps

Venez à la rencontre des hommes préhistoriques grâce aux technologies du XXIe siècle

Visite multi langue
Spectacle sur écran géant
Reconstitutions - Images en 3D

GRATUIT pour les -7 ans

Juillet et Août
10h/20h non-stop

Tél. : 04 68 29 07 76

TARIF RÉDUIT VALABLE POUR LA FAMILLE
Ad : 7€ 6€

© Tautavel

(a) What does the special technology in this park allow you to do?

_____

_____

(b) What is said about the screen?

_____

_____

(c) During which months is the museum open?

_____

_____

Read the recipe below and then answer the questions.

Far breton aux pruneaux

Pour 6 personnes

Préparation : 10 minutes

Ingrédients : 2 bonnes poignées de pruneaux dénoyautés

Pour la pâte : 125 g de farine, 125 g de sucre, 2 sachets de sucre vanillé, 4 œufs, 2 cuillerées à soupe de rhum, 1/2 demi sachet de levure chimique, 3/4 l de lait entier, 1 pincée de sel

Préparation

1 Préchauffez le four sur Th 8 ou 240°.
2 Dans un bol, mélangez la farine, la levure chimique, le sucre et le sucre vanillé. Ajoutez une pincée de sel. Creusez un puits et cassez les œufs. Tournez en mélangeant avec une cuillère en bois en commençant par le centre et en élargissant les cercles pour incorporer petit à petit la farine.
3 Faites chauffer le lait avec le rhum. Ajoutez les pruneaux dans le lait et faites chauffer à feu doux.
4 Versez doucement le lait sur la pâte, en mélangeant vivement; les pruneaux restant au fond de la casserole arriveront en dernier.
5 Faites cuire 35 minutes.

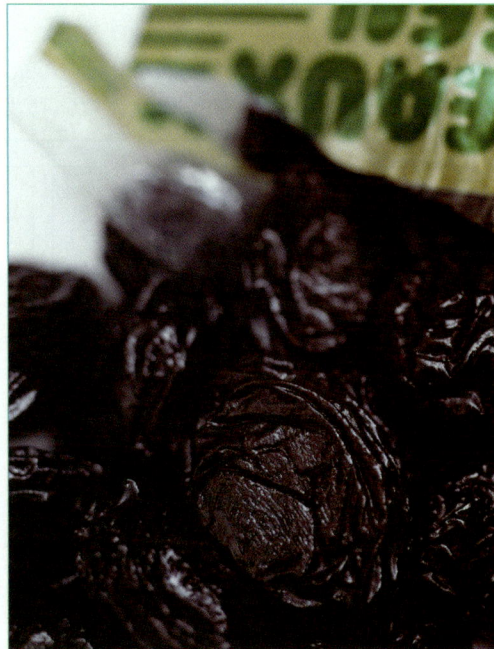

(i) Which of the following ingredients is **not** included in this recipe?
   (a) sugar; **(b)** flour; **(c)** baking powder; **(d)** butter.

(ii) According to the instruction 2, what piece of kitchen equipment is used to mix the ingredients together?

_____

(iii) According to instruction 3, how are the prunes heated?

_____

You get a leaflet in the door of your holiday home in France giving useful phone numbers for services in the area. Read the advertisements and then answer the questions below.

LF
LA FÉE

*Bijoux or argent,
pierres, nacre,
créations,
cadeaux*

10, rue Émile Zola,
Carnac
Tél : 02.97.52.12.78

FLORENTINE CADEAUX

*Vaisselle, art de la table,
linge de maison,
liste de mariage*

Avenue de la Libération, Carnac-Plage
Tél : 02.97.52.15.12

SALON DE THÉ ONE, TWO, TEA

4, rue Verte, Carnac ville
Tél : 02.97.52.46.03

LA LAVERIE

Ouvert de Pâques à Octobre :
9h à 12h et 14h à 18h

Lavage – Séchage – Repassage –

Juillet et août : 9h à 19h –
Dim. et jours fériés : 9h à 12h

Location de linge
5, avenue Jouvet Carnac-Plage
(devant l'Office du tourisme)

Tél : 02.97.52.46.52

LA BOUSSOLE

Opticiens

5, rue St Barthélémy,
Carnac-Ville

Tél : 02.97.52.95.45

TRAITEUR

Charcuterie fine
*Hors-d'œuvre,
plats cuisinés,
feuilletés « maison »,
rayon boucherie,
fromages sélectionnés,
vins fins*

À Carnac Plage,
au cœur de la station
Tél : 02.97.52.25.36

Write down the phone number you would ring if you wished to

(a) have your washing and ironing done   02.97.52. _____

(b) get your glasses mended   02.97.52. _____

(c) order some fine wines   02.97.52. _____

(d) buy some jewellery   02.97.52. _____

(e) buy a wedding present   02.97.52. _____

Read the following news story and answer the questions below.

Pyrénées : L'ourse Cannelle tuée par des chasseurs

1 L'ourse femelle Cannelle, une des dernières de son espèce dans les Pyrénées, a été tuée lundi 1er novembre par six chasseurs de Urdos (Pyrénées-Atlantiques), qui organisaient une battue au sanglier. Ils ont justifié leur geste en affirmant que l'ourse avait attaqué leurs chiens et qu'ils avaient dû l'abattre.

2 Serge Lepeltier, le ministre de l'Écologie, a estimé que cette disparition constituait une catastrophe écologique et a souhaité l'ouverture d'une enquête pour déterminer les circonstances exactes de cette mort. Le Fonds mondial pour la nature (WWF) va porter plainte contre les six chasseurs et leur réclamer un million d'euros de dommages et intérêts.

3 Cannelle était accompagnée de son ourson de 10 mois qui a réussi à s'enfuir. Hélas, sans la présence de sa mère, il est lui aussi menacé. La préfecture de Pau a fait savoir que le secteur allait être fermé aux chasseurs et aux promeneurs de chiens, afin que l'ourson bénéficie d'une zone de tranquillité.

(a) What type of animal was Cannelle? (**part 1**)

(b) Why was her death so significant? (**part 1**)

(c) What reason did the hunters give for killing Cannelle? (**part 1**)

(d) What has the WWF (World Wildlife Fund) decided to do? (**part 2**)

(e) Who was with Cannelle when she was killed? (**part 3**)

(f) As a result of the killing of Cannelle, what decision has been taken by the authorities of Pau? (**part 3**)

Read the following article which gives French students advice on how to handle their first day in secondary school and answer the questions which follow.

Bienvenue au collège !

Que va-t-il se passer le premier jour ?
Pour vous rassurer, suivez le guide…

1

8h L'appel

Dans la cour ou dans le gymnase, le chef d'établissement fait l'appel. Par chance, Mathilde et Lucas que tu connais bien, sont dans la même 6e que toi. Ouf, ça fait au moins deux copains !

9h Tous derrière le PP [professeur principal] !

Le professeur principal te conduit dans ta salle de classe. Après un petit discours de bienvenue, il distribue à chacun un carnet de liaison ou de correspondance. Ce carnet sert à recenser tes absences et tes retards et fait le lien entre tes parents et tes profs […]. Tu devras aussi y inscrire tes notes.

10h Silence !

Le PP demande à un élève de lire le règlement du collège qui figure dans le carnet de liaison. Il fixe les règles qui s'imposent à tous au sein de l'établissement. Tes parents et toi devez le signer.

2

11h Demandez le programme !

Le PP distribue les emplois du temps. Une semaine compte 25 heures de cours en moyenne : 5h de français, 4h de maths, 4h de langues vivantes, 3h d'histoire-géographie et d'instruction civique ; 1h30 de sciences de la vie et de la terre, 1h30 de technologie, 1h d'arts plastiques, 1h de musique et 4h d'éducation physique et sportive. Au cours de l'année, le professeur principal consacrera 10 heures à la vie de classe ; c'est l'occasion de parler des problèmes rencontrés dans l'établissement.

12h Distribution des livres

Français, maths, histoire, anglais… : tu repars avec une lourde pile de livres ! Si les profs sont d'accord, tu peux t'arranger avec un copain pour que chacun apporte la moitié des livres.

12h30 Rendez-vous au self !

Les externes, qui mangent chez eux, se dirigent vers la sortie. Les demi-pensionnaires (DP) vont au self. Le principe : tu as le choix de l'entrée et du dessert. Le plat chaud est servi par le personnel. Parfois, il faut faire preuve de patience car tu ne manges pas tous les jours à la même heure (cela dépend de ton emploi du temps).

Pense à prendre un petit encas (car il n'y a plus de distributeur de friandises dans les collèges).

3
14h Un petit tour du collège
Le PP profite de cette première journée pour te faire visiter les locaux. Il t'aide à repérer les salles de cours. Il te montre aussi le gymnase, le bureau du CPE, le centre de documentation et d'information (CDI), la salle des profs, l'infirmerie, les toilettes… Bref, le collège n'aura plus de secrets pour toi !

16h30 La journée est terminée
Demain, à 8 heures, ta première 'vraie' journée au collège va commencer. Petit conseil : prépare ton sac la veille au soir. Cela t'aidera à ne rien oublier.

© L'Hebdo, *Le monde des Ados* n° 125, Fleurus Presse, 2005 – Marion Gillot

(a) What is the first thing that will happen at 8 am? (**part 1**)

(b) Where might this take place? (**part 1**)

(c) Name **two** of the pieces of information, which could be found in your 'carnet de liaison'. (**part 1**)

(d) At 10 am what will one pupil be asked to do? (**part 1**)

(e) What will you and your parents have to do? (**part 1**)

(f) During the time called 'vie de classe', what will take place? (**part 2**)

(g) At 12.30, in the 'cantine', which items do the students choose themselves? (**part 2**)

(h) Why should the student be patient sometimes? (**part 2**)

(i) At 2 pm the pupils will have a tour of the school. Apart from the classrooms and the gym, name **two** other places they will be shown. (**part 3**)

Paper 5

Question 1

Match the following sets of signs and pictures. Indicate your answer in all cases by inserting the letters which correspond to the numbers in the boxes below.

1	MATERNELLE	A	
2		B	COIFFEUR
3	SOLDES	C	
4		D	STADE
5	PHARMACIE	E	
6		F	ESCALIER ROULANT
7	ANNUAIRE	G	
8		H	LOCATION DE PARASOLS
9	AIRE DE JEUX	I	
10		J	LAVAGE AUTO

No.	Letter
1	
2	
3	
4	
5	
6	
7	
8	
9	
10	

Question 2

Read the signs / advertisements / texts which follow and answer all the questions.

(i) You are looking for an internet site which will give you the up-to-date weather forecast in France. Which of the following sites would you log on to?

(a) www.informations.fr

(b) www.météo.fr

(c) www.logement.fr

(d) www.activités.fr

(ii) You have lost your purse and need to find the police station. What sign do you look out for?

(a) Gendarmerie

(b) Mairie

(c) Station de métro

(d) Sapeurs-pompiers

Question 3

This sign indicates that

Attention automobilistes !

Sens unique

(a) drivers should pay special attention.
(b) a unique opportunity to buy a car.
(c) there are road works ahead.
(d) this is a one-way street.

Question 4

This sign would be of interest to

Aujourd'hui !
Journée Portes
Ouvertes

(a) pedestrians.
(b) parents and school children.
(c) swimmers.
(d) tourists.

Read this newspaper advertisement and answer the questions.

Don du sang

Une collecte de sang aura lieu le vendredi 16 mai, de 17h00 à 19h15 à la Mairie, hall d'entrée, rue de la Paix, à St Jean de Mer.

Ne pas absorber de matières grasses et d'alcool au cours du repas qui précède le prélèvement.

(a) What is being collected? _____

(b) Where should you go? _____

(c) Name **one** item you are asked to avoid beforehand. _____

Read this tourist brochure and answer the questions.

(a) Name **one** of the unique features of this fortress.

_____

_____

(b) When is the site open?

_____

_____

(c) Where would you get information about this site?

_____

_____

Le Fort de Bellegarde

Un site exceptionnel, érigé par Vauban au XVIIᵉ siècle

Au cœur des Albères, découvrez le circuit des remparts, un puits unique en Europe et la terrasse panoramique.

Expositions permanentes :
Découvertes archéologiques sur le site de Panissars
Trophée de Pompée Via Domitia et Prieuré de Sainte Marie de Panissars.

Exposition d'Art Plastique :
Peinture : Patrich Loste, Béatriz Garrigó / Sculpture : Jean Lloveras

Concerts :
04 juillet : Concert d'Art Lyrique Philippe Martin
22 et 23 juillet : Pedro Soler, Ines Bacan, Anne Alvaro
25 juillet : Chacoli : Musique Latino
08 aôut : Orchestre de Chambre de l'Empordá

Ouvert du 1ᵉʳ juin au 30 septembre.
Visites guidées tous les jours à 11h, 15h, 17h :
Renseignements : Mairie Le Perthus 04 68 83 60 15
66 480 LE PERTHUS FRANCE

LE PERTHUS
FRANCE

© *Marie le Perthus*

Read this information leaflet and answer the questions below.

Magasins de luxe Mobant

Le Service Bienvenue est réservé aux clients étrangers.
Offre d'accueil :
- 15% de réduction sur présentation de ce document à notre Service Bienvenue

Pour vous assurer un meilleur confort, nous vous proposons :
- des interprètes
- un accueil personnalisé sur rendez-vous
- possibilité de livraison à domicile
- une billetterie : spectacles, concerts, conférences et dîners
- un café et un restaurant

M

(a) To which group of people is the Service Bienvenue offered?

_____

(b) How do you claim your 15% reduction?

_____

(c) Name **two** services that are offered for your comfort.

_____

Question 8

Your grandparents are going to Normandy and would like to know what they might do while they are there. Read the advertisements and answer the questions which follow.

Pont-Farcy

Vous pourrez faire de jolies balades dans les gorges de la Vire. La rivière étend ses méandres au milieu d'une forêt verdoyante. Autour de Pont-Farcy, les amateurs de randonnées seront ravis. Le bocage normand se présente sous ses plus beaux atours. Il ne vous reste qu'à le découvrir à votre rythme.

Jardins de Montchamp

Dressés de chaque côté du portail, deux épouvantails débonnaires accueillent les visiteurs. Venez admirer plus de sept cents variétés de rosiers, plus de mille plantes et 180 arbustes rares agencés sur 9 000 m² en deux jardins. Venez découvrir la collection privée de rosiers la plus importante de Normandie.

Caumont-l'Éventé

Vêtu d'un casque, de vêtements chauds et de chaussures fermées, venez visiter la grotte de Caumont-l'Éventé. Plus de 400 m de galeries ont été autrefois creusées par les mineurs. L'aventure, dirigée par une animation sonore et lumineuse, conduit vers des lacs souterrains, les cheminées de descente des mineurs et une exposition de minéraux de tous les pays du monde.

Courselles-sur-Mer

Ce centre est le seul musée canadien sur les plages du Débarquement. Photos, objets, documents audiovisuels, sonores et multimédias animent les six espaces de l'exposition permanente. Autre particularité du musée : il propose chaque jour deux visites guidées de la plage, relatant l'assaut des troupes canadiennes le Jour-J.

Asnelles

L'aviateur Louis Blériot créa l'un des premiers prototypes du char à voile en 1915 sur les plages du Touquet. Le centre de loisirs nautiques d'Asnelles est situé sur un site particulièrement adapté à ce sport. Le Centre d'Asnelles propose deux formules : des stages sur une semaine, du lundi au vendredi, ou des séances ponctuelles d'une heure.

Val des Cîmes

Évoluer d'arbre en arbre, se nicher dans une cabane et surplomber la forêt en haut d'un chêne, un rêve d'enfant qui se réalise dans la forêt de Saint-Gatien-des-Bois. On y a construit un parc acrobatique forestier composé de passerelles, de filets suspendus, de tyroliennes, de ponts de singes et himalayens, de balançoires pour aller d'un arbre à l'autre. Les parcours sont accessibles à tous de 5 à 84 ans.

Avranches

Courses hippiques : la saison des courses est partie… Les paris sont ouverts ! Courses de plat, courses d'obstacles, réunions de trot. Les meilleurs pur-sang s'affrontent sur la piste. Le spectacle promet d'être intense.

Write the name of the place they should visit if

(a) they are interested in the history of the Second World War _____

(b) they are interested in horseracing _____

(c) they have a special interest in gardening _____

(d) they are active _____

(e) they would like to explore a disused mine _____

Read this article about the care of garden birds and using a tick (✔), say whether the statements are **True** or **False**.

Nourrir les oiseaux en hiver

1 Avec la fin de l'automne, les premières gelées figent le sol et font disparaître les insectes. Les neiges rendent encore plus difficile la recherche de nourriture alors que les nuits plus longues et froides provoquent des besoins énergétiques plus importants.

Il est essentiel d'apporter aux oiseaux une aide alimentaire en cette période de l'année. Ils ont besoin d'aliments riches en graisse, pour se constituer une réserve afin de combattre le froid.

2
- Les aliments que vous offrez aux oiseaux doivent être non salés (noisettes, noix, etc.).
- Les oiseaux apprécient aussi les graines (maïs, blé, sésame, millet, tournesol, amande).
- Donnez de la nourriture le matin et aussi en fin d'après-midi. En une seule nuit, une mésange peut perdre jusqu'à 10% de son poids !
- Les oiseaux ont aussi besoin d'eau pendant toute l'année, notamment en hiver lorsque l'eau à l'extérieur est gelée. Utilisez de l'eau fraîche que vous renouvelez tous les jours.

Ce qu'il ne faut pas faire :
- Donner des aliments salés ou assaisonnés, comme du lard.
- Donner de la mie de pain, du riz non cuit ou de la noix de coco sèche.
- Exposer la nourriture à la pluie.

3 Pour aider les oiseaux à passer cette saison critique, on peut fabriquer des mangeoires, de la façon la plus simple à la plus sophistiquée. Mais attention, quelques conseils :
- Installez les mangeoires hors d'atteinte des chats.
- Déplacez votre mangeoire afin d'éviter un amas de fientes et les risques de maladies.

Statement	True	False
(a) Insects disappear in autumn once it becomes frosty. (**part 1**)		
(b) Birds need fatty foods to help them survive the cold. (**part 1**)		
(c) Birds need salty nuts. (**part 2**)		
(d) Birds don't need water during the winter. (**part 2**)		
(e) Bird-tables should be out of reach of cats. (**part 3**)		
(f) Bird-tables should be left in the same position all winter. (**part 3**)		

Question 10

Read the following interview with the superstar Zinédine Zidane and answer the questions which follow.

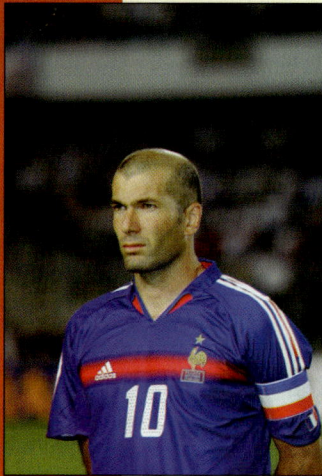

Fiche technique

NOM : ZIDANE
PRÉNOM : ZINÉDINE
TAILLE/POIDS : 1M85, 80 KG
NATIONALITÉ : FRANÇAISE
POSTE : MILIEU OFFENSIF
PALMARES : COUPE DU MONDE 1998, CHAMPIONNAT D'EUROPE DES NATIONS 2000, COUPE INTERCONTINENTALE 1996 ET 2002, LIGUE DES CHAMPIONS 2002, SUPERCOUPE D'EUROPE 1996 ET 2002, CHAMPION D'ITALIE 1997 ET 1998, CHAMPION D'ESPAGNE 2003, BALLON D'OR EUROPÉEN 1998.
CLUB : REAL MADRID
SIGNE ASTROLOGIQUE : CANCER
SIGNE PARTICULIER : J'AI LES PLUS BEAUX YEUX DU FOOTBALL ESPAGNOL !

1 TON MATCH PRÉFÉRÉ

La demi-finale retour de Ligue des champions face à l'Ajax Amsterdam. C'était à Turin, lors de la saison 96/97. Je suis fier de ce que j'ai réalisé ce soir-là. J'ai marqué (le dernier but, à la 81e) et j'ai fait marquer mes coéquipiers. Un match plein, très abouti.

TON MATCH LE PLUS DIFFICILE

Tous les déplacements à Pampelune, face à Osasuna. Lorsque le Real débarque au Stade El Sadar, il faut enfiler de bons protège-tibias ! Là-bas, on prend vraiment des coups. Il faut faire attention. Mais bon, je ne veux pas trop rentrer dans les détails.

CE QUE TU AIMES DANS LE FOOT

Lorsque tu te sens bien sur un terrain, que tu prends du plaisir et que tu en donnes aux autres. C'est ce qui compte le plus pour moi : donner du plaisir aux autres. […]

…ET CE QUE TU DÉTESTES

L'hypocrisie de certaines personnes.

2 TON MEILLEUR SOUVENIR

(il cherche) Difficile comme choix… En vrac, il y a la finale de la Coupe du monde, celle du championnat d'Europe, la finale avec le Real contre Leverkusen… Mais la qualification avec Bordeaux contre le Milan AC à Lescure, en quart de finale retour de la Coupe UEFA, en 1996, m'a laissé un souvenir particulier parce que c'était ma première grande victoire (3-0). Ce fut un truc énorme, une émotion incroyable !

TON PIRE SOUVENIR

La descente en Ligue 2, alors deuxième division, avec mon club formateur, l'AS Cannes. C'était lors de la saison 91/92, juste avant mon transfert pour les Girondins de Bordeaux.

TON JOUEUR PRÉFÉRÉ

Enzo Francescoli. C'était le joueur que je regardais et que j'admirais lorsque, gamin, j'allais le voir au stade Vélodrome (Francescoli ne joua qu'une seule saison à Marseille, en 1989/90). Un grand Monsieur et un grand footballeur. Respect !

[LE JOUEUR QUI T'A] LE PLUS IRRITÉ

Il y en a quelques uns… Mais s'il faut en choisir un en particulier, peut-être alors le gars de Hambourg. J'avais fait un mauvais geste et j'avais pris un carton rouge. Lui était venu pour me faire 'sauter les plombs'. J'oublie souvent son nom (Jochen Kientz), mais pas son visage.

3 UN ENTRAÎNEUR
Marcelo Lippi, que j'ai connu lors de mon arrivée à la Juve en 1996.

UN ARBITRE
Je me souviens de Monsieur Vautrot, mais surtout de Monsieur Wurtz !

UN STADE
Le stade Vélodrome, à Marseille. J'y ai passé toute mon enfance de supporter !

Mes premières émotions de football, je les ai connues là-bas. Tout comme la découverte d'Enzo Francescoli.

UN SUPPORTER
Salvatore. Un jeune Sicilien qui a voulu suivre mes traces et qui habite aujourd'hui à Madrid. Il vient régulièrement me voir à l'entraînement.

UN AUTRE SPORT
Tous en général, aucun en particulier. Je regarde toutes les grandes compétitions à la TV.

UN AUTRE SPORTIF
En vrac : El Gerrouj, Mohammed Ali, Michael Jordan

et un qui n'est plus là : Ayrton Senna.

TON DERNIER BON MATCH
Real Madrid/Juventus lors du match aller à Bernabeu (victoire 1-0). J'avais réussi de belles choses face à mon ancien club.

TON DERNIER MAUVAIS MATCH
(rires) Il y en a eu quelques-uns à la fin de la saison dernière. J'ai eu du mal à terminer cette saison.

TON DERNIER PLAISIR
Mes vacances au Canada en famille. J'ai vraiment fait le tour de ce pays, magnifique [...].

© *Super Foot*, Gustavo Rubio-Weigmann, août 2005

(a) Why is Zidane so proud of his favourite match? (**part 1**)

_____

(b) Name **one** of the things he likes best about football? (**part 1**)

_____

(c) Why was the quarter-final of the European Cup in 1996 such a memorable match for Zidane? (**part 2**)

_____

(d) What is the worst memory of his career? (**part 2**)

_____

(e) When did Zidane see his favourite player, Francescoli? (**part 2**)

_____

(f) Although he has trouble remembering the name of the player who most annoyed him, what does he remember about him? (**part 2**)

_____

(g) Why is the Stade Vélodrome in Marseille his favourite stadium? (**part 3**)

_____

(h) What does he say about other sports? (**part 3**)

_____

Paper 6

Question 1

Match the following sets of signs and pictures. Indicate your answer in all cases by inserting the letters which correspond to the numbers in the boxes below.

1		A	TERRAIN DE FOOT
2	HORLOGERIE	B	
3		C	TRANSATS À LOUER
4	DÉFENSE DE FUMER	D	
5		E	MARCHAND DE VIN
6	SORTIE	F	
7		G	CONSIGNE AUTOMATIQUE
8	fleurs	H	
9		I	MAROQUINERIE
10	ÉGLISE	J	

No.	Letter
1	
2	
3	
4	
5	
6	
7	
8	
9	
10	

Question 2

Read the signs / advertisements / texts which follow and answer all the questions.

(i) You want to bring home a nice cake to your French family. In which shop would you buy it?

- **(a)** Boucherie
- **(b)** Confiserie
- **(c)** Pâtisserie
- **(d)** Quincaillerie

(ii) Which sign directs you to the platforms in a French railway station?

- **(a)** Accès au sous-sol
- **(b)** Accès aux quais
- **(c)** Accès aux consignes
- **(d)** Accès au parking

Question 3

This is a bill from

6 x cahiers	1,20€
1 x double scotch	4,50€
1 paquet de feutres	1,00€

- **(a)** a bar.
- **(b)** a bread shop.
- **(c)** a stationery shop.
- **(d)** a cake shop.

Question 4

Where might you see this sign?

- **(a)** in a library
- **(b)** in a public park
- **(c)** in a railway station
- **(d)** in a tourist office

Défense de
jouer sur
la pelouse

Question 5

Read this notice to parents and answer the questions.

Collège Leonardo da Vinci

La réunion des parents
aura lieu jeudi 12 mars

à 20 heures dans le gymnase
pour discuter des changements
de la semaine scolaire

(a) When is this meeting taking place? _____

(b) Where will it be held? _____

(c) What will be discussed? _____

Question 6

Read this tourist brochure and answer the questions.

Ouvert tous les jours de 10h à 19h. Juillet/août de 9 h à minuit.

1ère Mondiale
Parc Aquatique

CANYONING PARK

Site internet : canyoning-park.com

Du canyoning en toute sécurité

Grosses sensations
à partir de 8 ans

Tout le matériel est fourni :
combinaison néoprène,
baudrier, chaussures.
(Venir en maillot de bain ou short)

- Toboggans de la mort.
- Tyrolienne 100 m avec arrivée dans l'eau.
- Saut de 3 à 8 m.
- Descente en rappel sous cascades.

Le parc fonctionne par tous les temps :
tramontane, pluie, froid et soleil.
A côté d'**ARGELES AVENTURE** - Espace de loisirs
Tél. 04 68 89 27 33

© Canyoning

(a) During which months is the park open late at night?

_____
_____

(b) The park provides the special clothing you need for these water sports. What must you bring to wear?

_____
_____

(c) This park is open in all weathers (name **two** types of weather mentioned).

_____
_____

Read this recipe and answer the questions.

La choucroute

Ingrédients

800 g de choucroute cuite,
1 morceau d'échine tranché,
4 tranches de poitrine fumée,
1 oignon, 8 pommes de terre cuites
à la vapeur, 4 saucisses, une pincée
de clous de girofle, 1 bouquet
garni, une grande marmite d'eau

Réalisation

1 Déposez l'échine dans la marmite et couvrez d'eau.
2 Ajoutez le bouquet garni, l'oignon piqué de clous de girofle.
3 Faites cuire une demi-heure à feu moyen.
4 Ajoutez la poitrine fumée et les saucisses et laissez cuire une demi-heure.
5 Coupez la poitrine en dés.
6 Ajoutez la choucroute.
7 Laissez mijoter deux heures à feu très doux.

© *Bien dans ma vie* n°29, octobre 2004

(a) Put a tick (✔) in the box to indicate which **five** of the following ingredients are included in this recipe.

Ingredients	✔	Ingredients	✔
apples		cloves	
onion		wine	
salt		water	
pepper		flower petals	
potatoes		sausages	

(b) According to instruction **3**, for how long should you simmer the dish?

_____

(c) On what kind of heat do you cook the dish, according to instruction 7?

_____

Here are the horoscopes, which appeared in a local French newspaper. Read them and then answer the following questions. You may use the French names for the star signs.

Poissons (19 février – 20 mars)
Cœur : Une grande surprise vous attend.
Jour de chance : jeudi
Vie scolaire : Vous avez bien travaillé. L'un de vos profs est très content de votre travail.
Santé : Vous devez faire plus d'exercice. Abandonnez l'écran de télévision et allez faire du jogging.

Bélier (21 mars – 20 avril)
Cœur : De bons rapports avec tout le monde cette semaine, même avec un membre de votre famille qui vous énervait récemment.
Jour de chance : mercredi
Vie scolaire : De bonnes notes dans une matière que vous trouvez difficile.
Santé : Attention ! Vous manquez de sommeil. Couchez-vous un peu plus tôt.

Taureau (21 avril – 21 mai)
Cœur : Querelle avec un ami. Essayez de trouver une solution.
Jour de chance : dimanche
Vie scolaire : Ne faites pas de bêtises en classe ! Vous bavardez trop !
Santé : Vous êtes plein d'énergie cette semaine. C'est l'occasion de reprendre un sport que vous avez négligé depuis longtemps.

Gémeaux (22 mai – 21 juin)
Cœur : Vous obtenez ce que vous voulez.
Jour de chance : vendredi
Vie scolaire : Problèmes avec un prof, mais avec l'aide de l'un de vos camarades de classe, cela se résoudra bientôt.
Santé : Ne passez pas autant de temps devant l'ordinateur ! Laissez le vent souffler dans vos cheveux : passez plus de temps dehors.

Cancer (22 juin – 22 juillet)
Cœur : De belles journées à venir. Un coup de téléphone vous donnera de bonnes nouvelles.
Jour de chance : lundi
Vie scolaire : Vos résultats seront très satisfaisants et vos parents seront ravis.
Santé : Vous aurez plus d'énergie cette semaine.

Lion (23 juillet – 22 août)
Cœur : Pour vous c'est l'amour et le grand bonheur cette semaine.
Jour de chance : samedi
Vie scolaire : Quelques problèmes avec un prof. Soyez sage !
Santé : Pour éviter la déprime, sortez !

Readers of which star sign

(a) are told to chat less in class? _____

(b) will get good news by phone? _____

(c) will have a lucky day on Thursday? _____

(d) are told to get more sleep? _____

(e) will be glad of a friend's help to solve a problem? _____

Read the article on Elizabeth Jagger and answer the questions which follow.

1 Elizabeth Jagger – Rock'n'roll attitude…

Elle est la fille du mythique chanteur des Rolling Stones, Mick Jagger et de Jerry Hall. Elle n'en finit plus de conquérir la mode : après Tommy Hilfiger, Burberry et Lancôme, Lizzy est, dequis quelques semaines, la nouvelle image de Mango. Confidences…

2 • Enfant, au lieu d'aller à l'école, je faisais parfois du shopping avec mes copines.
• J'ai commencé le mannequinât à 14 ans, d'abord pendant les vacances, puis j'en ai fait mon métier à 16 ans. J'ai fini l'école, mais je ne suis pas allée à la fac.
• Petite fille, je rêvais d'être danseuse. Je n'ai jamais cherché à être connue.

• Ma mère est un modèle. C'est la personne la plus importante de ma vie. J'écoute attentivement ses conseils, mais l'univers de la mode a beaucoup changé depuis son époque.
• Mes créateurs préférés ? Vivienne Westwood et Sonia Rykiel. J'aime les vêtements un peu démodés que je peux associer à des tenues plus modernes.

3 • Je suis célibataire bien que les journaux s'amusent régulièrement à me fiancer…
• Je déteste le hip-hop et les musiques de boîte de nuit trop boum boum ! J'aime le blues et le rock'n'roll, bien sûr.
• Mon plus grand défaut est d'être une lève-tard !
• Si j'étais un animal, je serais une grenouille, c'est trop mignon, ou un loup car il pense comme les humains.
• La vie est une blague. J'ai appris à ne rien prendre au sérieux. Il faut vivre sans trop se poser de questions.
• Je rêve d'aller à Madagascar, de peindre, de sculpter. Je veux être une artiste… Ce doit être dans les gènes !

© Pauline Lévèque / *Paris Match* n° 2919 / SCOOP

(a) In what area does Elizabeth work? (**part 1**)

(b) What does she say she used to do instead of going to school? (**part 2**)

(c) What was her dream when she was a little girl? (**part 2**)

(d) How does her mother help her? (**part 2**)

(e) What type of clothes does she prefer? (**part 2**)

(f) What, according to herself, is her greatest fault? (**part 3**)

(g) If she were an animal, what would she be? (name **one**) (**part 3**)

(h) Apart from traveling, name **one** of the things she would like to do in her life? (**part 3**)

Read this article about Christmas around the world and answer the following questions.

Noël

Noël aura lieu le 25 décembre, mais pas pour tout le monde. Pour certains, les festivités commencent début décembre. Pour les autres, il faut attendre jusqu'au mois de janvier !

1 Ce n'est pas toujours le père Noël qui apporte les cadeaux. En Italie, par exemple, c'est une sorcière qui s'appelle Befana, tandis qu'en Allemagne et en Belgique, c'est saint Nicolas. Si vous habitez au Mexique, au Portugal ou en Espagne, vous attendez avec impatience l'arrivée des Rois Mages.

Le père Noël ne voyage pas toujours seul. Les enfants russes croient qu'une petite fille, qui s'appelle Snegourotchka, l'accompagne dans sa tournée de cadeaux. Au Brésil, on l'appelle Papai Noel et il vient du Groenland. Il fait si chaud au Brésil, qu'il porte des vêtements en soie. En République Tchèque, la personne qui apporte les cadeaux s'appelle Svaty Mikalas. Il descend des cieux sur une corde dorée avec un ange et un petit diable qui tient un fouet. À Hong Kong, le Père Noël s'appelle Lan Khoong ou Dun Che Lao Ren.

2 Les coutumes

En Irlande et aux Pays-Bas, on fait brûler une bougie derrière une fenêtre, nuit et jour. Au Japon, on décore le sapin avec des cygnes en papier plié. Les Américains accrochent des guirlandes de pop corn dans leurs sapins. En Irlande, nous décorons nos maisons avec du gui, du houx et d'autres feuillages. Vous savez pourquoi ? Dans le passé, on croyait que la verdure éloignait les mauvais esprits ! En Inde, où il n'y a pas de sapins, on décore des bananiers ou des manguiers. Dans la plupart des pays orientaux, on utilise des poinsettias pour décorer les maisons. La couronne d'Avent est une coutume d'origine allemande que beaucoup d'autres pays ont maintenant adoptée. En Finlande, enfin, les familles visitent les cimetières et placent une bougie sur les tombes. Les cimetières sont très beaux au moment de Noël.

3 Que mange-t-on à travers le monde pour les fêtes de Noël ?

Autrefois, les Irlandais mangeaient de l'oie, mais de nos jours, ils préfèrent la dinde. En Autriche, c'est la truite, ou la carpe, qui prend place sur la table. Au Portugal, on mange aussi du poisson, notamment de la morue salée accompagnée de pommes de terre la veille de Noël. En Lettonie, le plat principal est composé de jambon servi avec des petits pois bruns, du chou et du saucisson. Et en dessert ? En France, comme en Belgique et au Luxembourg, on déguste la bûche de Noël, un gâteau roulé fait de crème. C'est délicieux ! N'oublions pas ceux qui habitent à l'autre bout du monde, en Australie et en Nouvelle Zélande. Ils sont en plein été et mangent des grillades sur la plage, tout en assistant à des compétitions de surf où tous les candidats sont habillés en père Noël !

(a) Who is Befana? (**part 1**)

_____

(b) What country believes Snegourotchka helps Santa? (**part 1**)

_____

(c) What does Santa wear when he visits Brazil? (**part 1**)

_____

(d) What custom does Ireland share with the Netherlands? (**part 2**)

_____

(e) In which part of the world is the poinsettia flower used as a Christmas decoration? (**part 2**)

_____

(f) From which country does the Advent wreath originate? (**part 2**)

_____

(g) Where do Finnish families go on Christmas Day? (**part 2**)

_____

(h) What was traditionally eaten in Ireland at Christmas time? (**part 3**)

_____

(i) Apart from Portugal, where would you eat fish at Christmas time? (**part 3**)

_____

(j) Name **one** way in which Christmas is celebrated in Australia and New Zealand. (**part 3**)

_____

Paper 7

Question 1

Match the following sets of signs and pictures. Indicate your answer in all cases by inserting the letters which correspond to the numbers in the boxes below.

No.	Letter
1	
2	
3	
4	
5	
6	
7	
8	
9	
10	

Signs:

1. POULETS RÔTIS
2. (picture)
3. JOURNAUX
4. (picture)
5. ASCENSEUR
6. (picture)
7. DANGER VIRAGES
8. (picture)
9. BIJOUTERIE
10. (picture)

A. (picture)
B. LOCATION DE VOITURES
C. (picture with S sign)
D. DÉFENSE DE STATIONNER
E. (picture)
F. DOUCHES CHAUDES
G. (picture)
H. ATTENTION ! FEUX DE SIGNALISATION
I. (picture)
J. RAYON CHAUSSURES

Read the signs / advertisements / texts which follow and answer all the questions.

(i) You are going to school with your French teenage friend. Which sign tells you where to go?

(a) École maternelle

(b) Collège

(c) Gymnase

(d) École primaire

(ii) You are in a French town and want to find the Tourist Office. Which sign do you look for?

(a) Bureau de poste

(b) Circuit touristique

(c) Syndicat d'Initiative

(d) Bureau de change

Question 3

What does this sign tell motorists?

Parking gratuit

(a) Parking is free.
(b) Parking is forbidden.
(c) Parking is not secure.
(d) The car park is full.

Question 4

According to the following sign in the swimming pool

Piscine Municipale
Il est obligatoire de prendre une douche avant d'entrer dans le bassin.

(a) you must wear a cap in the pool.
(b) you must take a shower before you go into the pool.
(c) you must take a shower after you leave the pool.
(d) you must wear a safety belt in this pool.

Question 5

Read this article on children's eating habits and answer the questions.

> *Un écolier sur deux ne consomme ni fruit ni légume au quotidien. Et pour étancher leur soif, ils se tournent plus volontiers vers les sodas que vers l'eau qui devrait pourtant venir en tête des liquides consommés. De mauvaises habitudes à combattre pour préserver l'équilibre alimentaire de nos enfants.*

Source : Cerin, avril 2004 © *Bien dans ma vie* n°29, octobre 2004

(a) One out of two school children in France eats
- **(i)** a helping of fruit and vegetables each day.
- **(ii)** a helping of fruit, but no vegetables each day.
- **(iii)** neither fruit nor vegetables each day.

(b) Which type of drink do they prefer when they are thirsty?

_____

(c) When was this survey carried out?

_____

Question 6

Read this extract from a tourist brochure and answer the questions.

Un labyrinthe grandeur nature

Labyrinthe de maïs géant

Chaque année, un parcours nouveau ! Une aventure incroyable !

Ouvert tous les jours du 10 juin au 1er septembre et les 6 et 7 septembre de 12h à 21h30.
Durée du parcours 1h30, dernière entrée à 19h30.

(a) From what vegetable is the maze made? _____

(b) How long does it take to make your way around? _____

(c) What is the latest time you can visit the garden? _____

Read the following newspaper article and answer the questions below.

Le sport vient en aide aux victimes

Le ministre de la Jeunesse, des sports et de la vie associative Jean-François Lamour réunit aujourd'hui les responsables du sport français pour initier et coordonner des actions de solidarité en faveur des victimes des raz-de-marée en Asie. Participeront à la réunion le président du Comité national olympique et sportif français (CNOSF) Henri Sérandour, des présidents de ligues professionnelles (football, rugby, basketball, handball, volley-ball, cyclisme) et de fédérations, ainsi que des sportifs et des représentants d'associations humanitaires. La réunion aura lieu à 17h00 au ministère.

© *Le Progrès*, 4 janvier 2005

(a) When is this meeting taking place?

_____

(b) Why has the meeting been called?

_____

(c) Besides sporting associations who else will be present?

_____

(d) Where will the meeting take place?

_____

You are reading a list of advertisements for local shops in Dijon where you are staying. Read the advertisements and then answer the questions below.

CORDONNIER – BOTTIER

Place de l'Église,
Dijon Centre
Tél : 03.80.74.15.96

DÉPANNAGE EXPRESS

Plomberie, chauffage, électricité
Dijon ville

Tél : 03.80.74.55.25

Librairie – Gallerie

Jean Michet - Éditeur
2, boulevard Gambetta, Dijon

Tél : 03.80.74.22.45

DROGUERIE-QUINCAILLERIE – PEINTURE

47, rue St Sylvain, Dijon

Tél : 03.80.74.69.36

AU PARADIS DU FRUIT GLACÉ

Glacier
55, rue des Écoles,
Dijon centre

Tél : 03.80.74.32.12

Le Gourmand

Chocolatier
44, rue du marché
Dijon Centre

HORLOGERIE

Robert Casta
15, place la Fontaine,
Dijon

Tél : 03.80.74.45.78

Which phone number would you ring if you wanted

(a) to order a book?   03.80.74. _____

(b) to get a clock mended?   03.80.74. _____

(c) to get your shoes repaired?   03.80.74. _____

(d) to order some ice-cream?   03.80.74. _____

(e) to enquire if they stock a hammer? 03.80.74. _____

Read the following descriptions of films to be seen on television this week and using a tick (✓) say whether the statements below are **True** or **False**.

Du pain et des roses

La belle Mexicaine Maya arrive clandestinement en Californie où elle s'installe chez sa soeur, qui lui trouve un petit emploi dans l'entreprise de nettoyage où elle travaille. Contre l'avis de Rosa, Maya, au risque de perdre son emploi, commence à militer dans un syndicat…

Hombre

Les passagers d'une diligence sont attaqués par des bandits. Ils prennent une femme en otage pour demander une rançon à son mari John Russell (Paul Newman), un Blanc élevé par les Indiens et qui préfère la compagnie des Peaux-Rouges à celle des hommes blancs.

Contre toute attente

Terry Brogan (Jeff Bridges) est renvoyé de son équipe de football, dont la commanditaire est la richissime Grace Wyler. Sans le sou, il accepte de travailler pour un patron de boîte de nuit (James Wood). Il lui demande de retrouver Jessie Wyler, la fille de la milliardaire qui lui aurait volé 50 000 dollars avant de disparaître…

La Mort aux Trousses

Suite à un malentendu, le publicitaire new-yorkais Roger Thornhill (Cary Grant) est mépris pour l'espion Georg Kaplan, qui est, en effet, une chimère inventée par les services secrets américains. La CIA laisse faire et espère confondre les espions étrangers qui opèrent aux États-Unis.

Quatre mariages et un enterrement

Charles (Hugh Grant) a 32 ans et adore assister aux mariages de ses copains, aussi longtemps qu'il ne doit pas se marier lui-même. Un jour, il fait la connaissance de la belle américaine Carrie (Andy McDowell) dont il tombe éperdument amoureux et sa vie change complètement. D'autant plus, que Carrie est fiancée à quelqu'un d'autre…

Le petit homme

La serveuse Dede Tate (Jodie Foster) élève seule son fils de sept ans Fred (Adam Hann-Bird). L'enfant excelle dans les matières scientifiques et en musique. Trop intelligent pour son âge, l'enfant est rejeté par ses camarades de classe.

Name of Film	Statement	True	False
Du pain et des roses	This film's main character works as a cleaner.	☐	☐
Hombre	The wife of the main character was brought up by Indians.	☐	☐
Contre toute attente	The main character is asked to find someone who has disappeared.	☐	☐
La mort aux trousses	The main character Roger is a Russian spy.	☐	☐
Quatre mariages et un enterrement	Charles falls in love with someone who is already married.	☐	☐
Le petit homme	Fred is a talented musician.	☐	☐

Read the following interview with Jennifer Lopez and answer the following questions.

« *Je veux créer une série inspirée de mon enfance* »

1 *On peut grandir dans une famille pauvre du Bronx et réussir. Actrice, chanteuse, Jennifer est désormais productrice de télévision, elle veut raconter son histoire en feuilleton.*

[…] Jennifer Lopez s'est mariée ce 5 juin avec Marc Anthony, le numéro un de la pop latine. La jeune épouse refuse toute question sur sa vie privée. […] Elle vient de signer un contrat de plusieurs dizaines de millions de dollars avec Telemundo, la chaîne hispanophone américaine, pour développer des projets destinés à la télévision.

2 *J.Lo, productrice de télévision : c'est nouveau…*
Je veux créer un feuilleton drôle et positif qui montre que l'on peut grandir dans un quartier réputé difficile comme le Bronx et être heureuse. Ma famille vivait dans un sous-sol jusqu'à l'année de mes 6 ans. Nous avons ensuite déménagé dans une cité. J'étais entourée d'amour et je n'ai pas sombré dans la délinquance.

3 *Vous y tiendrez votre propre rôle ?*
Non, je suis trop vieille pour jouer une adolescente. J'apparaîtrai peut-être dans un épisode. Je vais m'inspirer de mon enfance pour écrire. Mon père travaillait tard le soir, et durant nos vacances d'été, mes soeurs […] et moi attendions son retour. Ma mère l'acceptait. Papa rentrait tous les soirs avec des bonbons qu'il achetait dans une boutique du quartier. Je l'ai toujours admiré : il travaillait dur pour nous. C'est lui qui m'a donné la force de [travailler] dix-huit heures par jour.

Dans cette fiction, qui jouera votre mère ?

Je veux trouver une actrice qui soit comme elle. Ma mère chantait pour nous tous les soirs, et elle imaginait des jeux, des pièces de théâtre, des comédies musicales. Elle m'a transmis son exubérance et son amour de la musique !

4 Vous êtes aussi actrice, chanteuse, créatrice de mode...

Je veux toucher à tout ce qui m'amuse. La musique est ma première passion. C'est important pour mon équilibre d'enregistrer un album tous les dix-huit mois. La mode, c'est un jeu. On m'a proposé d'imaginer des accessoires, des parfums : je ne connais pas une fille qui refuserait. […] [Au cinéma,] même mes mauvaises expériences sur les plateaux […] m'ont appris le métier. Je veux voir uniquement le côté positif des choses. […] Mon prochain film est le remake du film japonais de Masayuki Suo, 'Shall we dance'. Richard Gere y incarne John Clark, un comptable qui découvre la danse : moi, je suis Paulina, la prof qui lui transmet sa passion des rythmes latins. […]

Comment expliquez-vous votre réussite ?

Par mon travail. J'ai donné ma vie à ma carrière. Rien ne m'arrête lorsque je me fixe un but.

© *Orion-TV Grandes chaînes*, 25 septembre 2004

(a) What do we learn about Marc Anthony? (**one** point) (**part 1**)

_____

(b) Why did she want to make this particular series? (**part 2**)

_____

(c) Name **one** fact about her childhood. (**part 2**)

_____

(d) Why will she not play the role of herself in the series? (**part 3**)

_____

(e) What did she inherit from her father? (**part 3**)

_____

(f) Name **one** way her mother used to amuse the family. (**part 3**)

_____

(g) Why is music so important to her? (**part 4**)

_____

(h) What does Paulina do in the film 'Shall we dance'? (**part 4**)

_____

Paper 8

Question 1

Match the following sets of signs and pictures. Indicate your answer in all cases by inserting the letters which correspond to the numbers in the boxes below.

No.	Letter
1	
2	
3	
4	
5	
6	
7	
8	
9	
10	

1. ARTICLES DE PÊCHE
2. [harbour with sailboats]
3. CAISSE
4. [train]
5. LUNETTES
6. [football/soccer]
7. PATINOIRE
8. [shoe repair workshop]
9. CONSERVATOIRE
10. [truck/lorry]

A. [ice skating rink]
B. CORDONNIER
C. [piano and violin musicians]
D. SORTIE D'USINE
E. [shop counter/till]
F. PORT DE PLAISANCE
G. [fishing tackle]
H. TERRAIN DE SPORT
I. [optician/eye test]
J. QUAIS 1-5

Read the signs / advertisements / texts which follow and answer all the questions.

(i) You are looking for somewhere to stay overnight. Which sign would you look out for?

- **(a)** Hôtel de Ville
- **(b)** Hôtel-Dieu
- **(c)** Chambres d'hôte
- **(d)** Aire de repos

(ii) In the supermarket you want to find the yogurts. In which section of the supermarket will you find them?

- **(a)** Produits laitiers
- **(b)** Quincaillerie
- **(c)** Plats surgelés
- **(d)** Produits alimentaires

Question 3

What does this road sign tell you?

(a) The road ahead is slippy.
(b) The road ahead is very twisty.
(c) There are roadworks ahead.
(d) There is a road diversion ahead.

> **Danger !**
> **Route**
> **glissante**

Question 4

What does this sign tell you?

> **Pour des raisons de santé, il est interdit de fumer dans ce magasin**

(a) You can smoke in this shop.
(b) You cannot eat in this shop.
(c) You cannot smoke in this shop.
(d) You must keep your temper with the shop assistants.

Question 5

Read this tourist brochure and answer the questions below.

© Dinosauria

(a) During which months is this museum open?

_____

(b) To take part in an excavation or a workshop, where should you sign on?

_____

(c) Until what date is the free token attached valid?

_____

Question 6

Read this sports report and answer the questions.

Course à Pied – 20 km de Paris : Rémond s'impose

Le Français Philippe Rémond a remporté, hier, la 23ième édition des 20 km de Paris en 1h02'17", neuf ans après son compatriote Paul Arpin. Chantal Dallenbach a gagné chez les dames. Six mille coureurs ont pris le départ de cette édition, qui devait à l'origine se disputer le 14 octobre, avec quatorze mille participants, mais qui avait été reportée pour des raisons de sécurité.

© *Le Progrès*, 4 janvier 2005

(a) In what sport did Philippe Rémond take part?

_____

(b) How many people took part in the event?

_____

(c) Why did the event not take place on 14 October?

_____

Read this article about the *'Thalys'* high-speed train and answer the questions.

Comment préparer votre voyage ?
Où acheter vos billets Thalys ?

- par téléphone au 02 528 28 28,
  du lundi au vendredi de 8h à 20h
  et les week-ends et jours fériés de
  9h à 17h30,

- sur www.thalys.com,

- dans les gares SNCB,

- dans les agences de voyages
  agréées.

Besoin d'un renseignement sur les services Thalys ?

- rendez-vous dans un point de vente
  Thalys ou aux points d'accueil
  Thalys de Paris-Nord et Bruxelles-Midi,

- consultez la brochure "Nécessaire de
  voyage", disponible dans les
  gares principales, dans les agences de
  voyages et sur www.thalys.com,

- appelez la ligne d'information Thalys au
  070 66 77 88*,

- consultez www.thalys.com.

VOS BILLETS EN 1 CLIC !
Pour vous simplifier la vie, Thalys vous propose pour certains tarifs d'imprimer vos billets directement
chez vous. Profitez de cette offre sur www.thalys.com.

© Thalys

(a) Name **one** way of purchasing your ticket for the Thalys.

_____

(b) During what hours can you ring on Bank Holidays?

_____

(c) Where can you get information on the services of Thalys (**one** place)?

_____

(d) If you use their website, what additional facility are you offered?

_____

Question 8

You are in France and want to watch a film in French. Look at the previews for this coming week and then answer the questions below.

Jeunesse dorée

Gwenaëlle et Angela, deux jeunes filles de banlieue, partent pour la première fois en voyage en province.

Le cercle

Alors qu'elle tente d'élucider la disparition de sa nièce, une journaliste découvre l'existence d'une cassette vidéo qui tue ceux qui la visionnent.

Complot de famille

Julia Rainbird, une octogénaire richissime, engage Blanche, une jeune voyante, pour retrouver son héritier, Edward. Au cours de l'enquête Blanche découvre qu'Edward est un gangster.

Le règne du feu

En 2008, de terrifiants dragons règnent sur la Terre en ruine. Alors que la plupart des humains vivent dans la peur, un groupe de survivants, commandé par Quinn, tente de mener la révolte.

Le Ruffian

Dans le Grand Nord canadien, Aldo et son ami Gérard, paralysé à la suite d'un accident de course automobile, tentent de récupérer des caisses d'or au fond de gigantesques chutes d'eau.

Pas un mot

Afin de sauver sa fille retenue en otage par des malfrats, Nathan Conrad se lance dans une dangereuse chasse aux diamants.

Un amour infini

La neige paralyse l'aéroport de Chicago. Buddy échange son billet pour Los Angeles avec Greg, un écrivain croisé dans la salle d'attente. Le lendemain, Buddy apprend que l'avion s'est écrasé. Rongé par la culpabilité, il décide de rencontrer la veuve de Greg.

Write down the name of the film which is about

(a)   someone who has had a bad car crash   _____

(b)   two young girls who set off on an adventure
       to the country   _____

(c)   someone who exchanges a travel ticket,
       with dreadful consequences   _____

(d)   someone whose daughter is kidnapped   _____

(e)   people who live in fear and try to fight back   _____

Read this brochure issued by Fingal County Council in Dublin and indicate using a tick (✔) whether the statements below are **True** or **False**.

Bienvenue à Fingal, Dublin, Irlande
Le charme rural aux portes de Dublin

Fingal est une région historique, de charme rural et pittoresque, située à quelques minutes à peine du centre de Dublin, et accueillant l'aéroport international de Dublin. Cette région tient son nom de l'irlandais 'Fine Gall', qui signifie « le territoire de l'étranger aux cheveux blonds », c'est-à-dire les Vikings.

Fingal est parsemée de grands manoirs, de jardins et de sites historiques. Parmi ses nombreux trésors, on peut citer le château de Malahide, le château d'Ardgillan, Newbridge House, la magnifique colline de Howth, et certains des plus beaux parcs régionaux du pays, sans oublier ses superbes plages et ses ports

de pêche. Certains aspects de l'héritage de cette région sont représentés par les nombreux et célèbres bâtiments et sites historiques de Fingal, tandis que les activités culturelles contemporaines telles que l'art, l'artisanat, la littérature, la musique, la danse et l'art dramatique y sont nombreuses.

Fingal – la capitale irlandaise du golf
Les grands espaces verts et la côte magnifique de Fingal en font l'environnement idéal pour de superbes terrains de golf, et la région ne compte pas moins de 28 terrains de classe mondiale, à la fois de type Links et Parkland. Il y a des parcours et des sites adaptés aux joueurs de tous calibres, à tous les goûts et à tous les portefeuilles. […]

Les villes et villages de la région de Fingal offrent un hébergement de grande qualité, des pubs sympathiques, des divertissements animés et surtout, un accueil chaleureux.

Venez découvrir cette région unique, qui a parfaitement su allier le charme de la campagne et les avantages de la capitale toute proche.

© *Fingal Tourism*

Statement	True	False
(a) The county of Fingal is very close to Dublin city.	☐	☐
(b) The name Fingal means 'territory of the dark-haired stranger'.	☐	☐
(c) There is a fine fortress at Howth.	☐	☐
(d) You can find music, dance and drama in the area.	☐	☐
(e) The golf courses are only for skilled players.	☐	☐
(f) You can find high-class accommodation in the area.	☐	☐

Read this article on Freddy Adu, an up and coming professional footballer in the United States of America, and answer the questions which follow.

Le rêve américain de Freddy

À l'âge où l'on court derrière un ballon pour le fun, Freddy Adu gagne (plutôt très bien) sa [vie] dans le championnat professionnel US, dont il est vite devenu l'attraction numéro un.

1 Jusqu'en juin, le plus jeune, le mieux payé et le plus célèbre footballeur des USA partageait encore sa chambre avec son petit frère. Aujourd'hui, à 15 ans, Freddy Adu possède sa propre chambre. Normal, c'est lui qui a payé la maison à sa famille. Et pour la fête des mères ? Une nouvelle voiture. Il peut se le permettre grâce à la signature d'un contrat d'un million de dollars avec Nike. Ça ne le dispense pas de faire son lit, sortir les poubelles et rentrer avant minuit… quand sa mère l'autorise à sortir.

2 *Star dans le stade, inconnu dans la rue*
[…] Né au Ghana, en Afrique, il a joué au foot pieds nus jusqu'à ses 8 ans. Un beau jour, sa mère gagne une carte verte (carte de séjour américaine) lors du tirage au sort organisé chaque année par les États-Unis pour les étrangers désireux d'émigrer. Quand la famille s'installe dans la banlieue de Washington, en 1997, Freddy est immédiatement remarqué sur les stades par le petit monde du soccer […].

3 Á 10 ans, il devient la vedette des tournois des équipes de moins de 14 ans, à 13 ans celle des championnats des moins de 17 ans. Les recruteurs de l'Inter Milan (Italie), de Manchester United (Angleterre) et du PSV Eindhoven (Pays-Bas) veulent le voir s'installer chez eux. Sa mère, elle, préfère qu'il reste près de la maison… Elle s'arrange pour qu'il joue au DC United de Washington. […] Aux États-Unis, Freddy est la star incontestée d'un sport mal connu. Les Américains goûtent peu qu'on joue une heure et demie pour, souvent, terminer sur un match nul. Ils préfèrent assister à du football américain, du baseball ou du basket, où les points s'empilent à toute vitesse.

4 *Diamant brut dans un monde de brutes*
[…] La ligue américaine de football mise beaucoup sur lui afin de réveiller l'intérêt du public pour cette discipline ! Déjà, sa présence [augmente] la fréquentation des

stades et l'audience de chaînes qui retransmettent les matchs. Le public hurle son nom avant son entrée sur le terrain. Le jeune phénomène a suscité tellement d'attente que les médias, déçus, lui reprochent d'obtenir de meilleurs résultats du côté des gradins que sur le terrain [...]. Patience répète son entraîneur. Si Freddy était un cador en junior, il est normal qu'il ait plus de mal face à des joueurs plus âgés et plus forts. Freddy est ravi de jouer à l'avant ou à l'aile [...].

5 Le match terminé, Freddy devient un adolescent normal, qui écoute Eminen, joue aux jeux vidéo, va traîner avec ses copains au centre commercial. [...] Adolescent comme les autres ou presque. Après avoir sauté une classe il vient d'obtenir son diplôme de fin de lycée. Freddy fait tout plus vite que les autres Ira-t-il aussi plus haut ?

Texte de Guillemette Faure, © *Phosphore*, Bayard Jeunesse 2004

(a) Despite being so famous, what has Freddy had to do until June? (**part 1**)

_____

(b) What gift did he buy for his mother on Mother's Day? (**part 1**)

_____

(c) Name **one** job he still must do at home. (**part 1**)

_____

(d) What circumstances allowed his family to go to America in 1997? (**part 2**)

_____

_____

(e) What feat did he achieve when he was only 13? (**part 3**)

_____

(f) Why did he not accept offers from the managers of European clubs? (**part 3**)

_____

_____

(g) Why do Americans generally not have a great taste for soccer? (**one** reason) (**part 3**)

_____

(h) How do we know that he is popular with the American soccer supporters? (**part 4**)

_____

(i) Name **one** of the positions where Freddy plays on the field. (**part 4**)

_____

(j) Name **one** thing he likes to do when he is not playing football. (**part 5**)

_____

(k) How do we know that he is also a good student at school? (**part 5**)

_____

Read this newspaper article and answer the questions.

La ferme de la campagne

Cette ferme est spécialisée dans la protection d'animaux en voie de disparition. On y trouve plus de 250 animaux, tous plus incroyables les uns que les autres : un yack du Tibet, des porcs laineux, des moutons nains et beaucoup d'autres. Des balades à poney ou en carrioles sont proposées pour les enfants.

Pendant tout l'été, venez participer aux nombreux ateliers pédagogiques proposés : apprenez à fabriquer du beurre ou du pain, découvrez comment mieux protéger la nature ou encore comment créer votre propre potager. Au programme également : soins et entretiens de plusieurs animaux.

(a) This farm aims to protect endangered species of animals. Name **two** types of animal to be found here.

(b) What is available for children?

(c) There are workshops in summer time. What could you learn to make? (name **one** thing)

Question 6

Read this sports reports and answer the questions.

Boxe

Le boxeur italien Cristian Sanavia s'est emparé du titre vacant de champion d'Europe des poids moyens en battant le Français Morrade Hakkar aux points, au terme d'un combat en douze reprises, samedi soir, à Padoue.

(a) At what weight does Cristian Sanavia box?

(b) How long was the fight?

(c) When did the fight take place?

Question 7

Read this recipe and answer the questions which follow.

Omelette aux légumes provençaux

Pour 4 personnes

Préparation : 15 mn

Ingrédients : 8 œufs, 1 poivron rouge ou jaune, 1 poivron vert, 2 oignons, quelques olives noires, 50 g de beurre, 6 cuillerées d'huile d'olive, quelques herbes (thym et persil), 50 g de fromage râpé, un pincée de sel et de poivre

1 Épluchez les oignons et nettoyez les poivrons. Coupez-les en fines lamelles. Faites cuire dans 5 cuillerées d'huile d'olive. Ajoutez les herbes.

2 Battez les œufs. Ajoutez le sel et le poivre.

3 Dans une large poêle, faites fondre le beurre, ajoutez une cuillerée d'huile et faites cuire votre omelette à feu doux.

4 Placez l'omelette dans un plat, recouverte des légumes et des olives. Recouvrez légèrement le tout de fromage râpé.

(a) How much of the following items is required for this recipe?

   (i) onions _____

   (ii) olive oil _____

   (iii) grated cheese _____

(b) According to instruction 2, what should you do with the eggs?

_____

(c) When the omelette is cooked, how should you serve it?

_____

Read the following reports from a number of people who like to stay fit and then answer the questions below.

Noémie – Je pratique le vélo d'appartement. Parfois, je fais un peu de footing le matin, pendant une demi-heure au minimum.

Jean-Luc – Personnellement, j'ai toujours été sportif. J'aime courir dehors dans la nature, même lorsqu'il pleut, et respirer de l'air frais plutôt que de faire de la musculation en salle.

Claire – Je fais du Pilates toute l'année, plusieurs fois par semaine. Je trouve ça vraiment formidable. Cela me détend et me défoule. J'apprends à mieux me maîtriser.

Marie-Claire – Une bonne nuit de sommeil et un bon régime : voilà mon secret. Côté sport, je me suis mise au tennis. Je joue au moins une fois par semaine avec un groupe d'amis, l'été, comme l'hiver. Nous nous amusons bien et en même temps, nous faisons de l'exercice !

Guy – Le matin, dès le réveil, je fais une bonne demi-heure de sport. Je fais surtout des exercices abdominaux. J'aime aussi faire du karaté. C'est une bonne discipline pour le physique comme pour le mental.

Yann – Je déteste les salles de sport. J'aime être en plein air. Donc, je marche tous les jours au bureau – environ 8 km. Le week-end, je fais de longues randonnées à vélo. Je suis membre d'un club de cyclisme.

Maryse – Moi, je suis plutôt paresseuse et je prends facilement du poids. Alors, je vais au moins une fois par semaine dans une salle de sport avec un groupe d'amies. Là, nous devons travailler sous la direction d'un entraîneur, qui ne nous laisse pas nous arrêter un seul instant ! C'est dur, mais ça en vaut la peine.

What is the name of the person who

(a) tends to put on weight? _____

(b) likes to run outside even if it rains? _____

(c) walks to work? _____

(d) exercises before breakfast? _____

(e) thinks a good night's sleep is very important when one wants to stay fit? _____

Read this magazine article and answer the questions below.

Un mois sur l'eau pour Christine et Alain

1 Ils sont partis en juillet de Port Saint-Louis du Rhône. C'est là que Christine et Alain laissent leur voilier pour l'hiver, dans un port à sec. Ces vrais passionnés de la mer oublient alors leurs montagnes grenobloises pour [faire de la voile] le long des rivages méditerranéens. […]

2 « Nous naviguons depuis de nombreuses années. Nous restons le plus souvent au mouillage, mais parfois, pour nous abriter, pour nous approvisionner, nous cherchons une place dans un port. » Ce mois-ci, ils n'ont jamais eu de difficulté pour en trouver. […]

3 Choisir un port, c'est prendre en considération son style, sa fonctionnalité, son prix, son ambiance. Christine et Alain ne semblent pas trop portés sur les ambiances « frime ». Quant à leur halte niçoise, elle a pour eux des avantages certains. « Nous étions en rade foraine du côté du cap Ferrat, lorsque le vent s'est levé au petit matin. Nous sommes venus ici pour un peu plus de vingt-quatre heures. L'avantage c'est d'être en pleine ville, de pouvoir faire les courses et se promener facilement dans le Vieux-Nice. C'est très appréciable. »

(a) When did this couple set out on their trip? (**part 1**)

_____

(b) Why was their boat in Port Saint-Louis du Rhône? (**part 1**)

_____

(c) Name **one** reason they might have for going into port. (**part 2**)

_____

(d) There are a number of considerations when choosing which port to use – name **one** of them. (**part 3**)

_____

(e) Name **one** advantage they have found being in the port of Nice. (**part 3**)

_____

Here are some ads from French speaking people who are looking for penfriends. Read them through and then answer the questions below.

Salut !

Je suis Aurore et j'ai 15 ans. Je cherche des correspondant(e)s du même âge que moi. J'aime les sorties entre amis, faire la fête, m'amuser. Si vous aimez les mêmes choses, faites craquer ma boîte aux lettres !

Je m'appelle Myriam.

J'ai 13 ans. J'aime rigoler, sortir, la musique, le cinéma, et faire du shopping. Je suis fan d'Avril Lavigne et d'Evanescence. Si vous avez les mêmes goûts, écrivez-moi !

Bonjour de Suisse !

Je m'appelle Bruno. J'ai 14 ans.
Vous aimez la lecture ? Je lis beaucoup, surtout des livres de science-fiction, des policiers et des B.D.
J'attends vos lettres avec impatience !

Un grand bonjour de Belgique !

Moi, je suis Serge. Je cherche des correspondant(e)s qui s'intéressent à l'équitation, car c'est ma grande passion. À part ça, j'adore la musique, le métal, le rap et le zouk.

Salut, je suis Benoît.

J'ai 14 ans et demi. Nous avons un grand jardin et nous avons un tas d'animaux : deux chats, un chien, des tortues, des poissons rouges et une chèvre. Je cherche des correspondant(e)s qui aiment aussi les animaux.

Bonjour, je m'appelle Véronique.

Mon père est diplomate, alors j'ai habité en Espagne, en Pologne et même au Pérou ! C'est pour ça que j'adore visiter des pays étrangers, découvrir la culture et les gens qui y habitent. Je cherche des correspondant(e)s du monde entier.

Write down the name of the person you would choose as a penfriend

(a) if you like animals _____

(b) if you like going to the cinema _____

(c) if you are interested in horse-riding _____

(d) if you are interested in reading _____

(e) if you are interested in travel _____

Question 9

Read the following article about a traveling circus coming to Perpignan and answer the questions which follow.

Le cirque Achille Zavatta et fils déploie son chapiteau à Perpignan

Le parc des expositions accueille la grande famille du cirque Achille Zavatta et fils pour une série de représentations à partir de vendredi 18 février. Vous pourrez également visiter son zoo le matin.

1 Actuellement en tournée, le cirque Achille Zavatta et fils, présenté par la famille Falck, fait escale à Perpignan pour plusieurs jours pendant les prochaines vacances.
Sûr que les Perpignanais ne manqueront pas l'arrivée de l'énorme convoi de plus de soixante-dix véhicules. Le cirque plantera son immense chapiteau de 12,50 m de haut qui peut recevoir jusqu'à 2600 spectateurs et, dès 9h30, la ménagerie pourra être visitée dès le premier jour de son installation, le 18 février.

Originalité cette année, trois jeunes et merveilleux tigres blancs ont intégré le zoo.

2 Le cirque Zavatta et fils, c'est une grande famille, un village de 60 personnes (artistes, monteurs, chauffeurs et techniciens), auquel s'ajoute une bonne cinquantaine d'animaux venus des cinq continents, composant un des plus grands zoos itinérants de France, voire d'Europe. Dans la plus pure tradition du cirque,

les artistes déclineront leur savoir-faire, leur sens artistique et leur adresse parfois diabolique.
Clowns, équilibristes, trapézistes, jongleurs, magiciens sans oublier les éléphants et les fauves se pareront de leurs plus beaux atours et feront leur spectacle, sous le regard ébahi des enfants comme des parents.

3 On verra des lamas et zébus, des girafes, des chevaux majestueux ainsi que des chats et des chiens. Tous vous surprendront dans leurs numéros sans cesse renouvelés. Toujours dans la tradition, les clowns à la fois agiles et musiciens, et toujours irrésistibles. Mais le cirque, c'est aussi l'exotisme : contorsionnistes, cracheurs de feu feront vibrer le public, parfois jusqu'à la peur. Force, audace et rires garantis ! Zavatta Fils vous propose d'entrer dans la piste aux étoiles pour deux heures de spectacle.

© *L'Indépendant*, 12 février 2005

(a) On what day will the circus arrive? (**part 1**)

(b) Give **one** detail which indicates the size of the circus. (**part 1**)

(c) What animal is new to the circus this year? (**part 1**)

(d) Besides the circus artists themselves, name **two** other types of people who are included in the circus family. (**part 2**)

(e) Approximately how many animals are there? (**part 2**)

(f) Apart from clowns and trapeze artists, name **two** other types of performers. (**part 2**)

(g) What might scare the public? (**part 3**)

(h) How long does each performance last? (**part 3**)

Read this interview with former French rugby star Jean-Pierre Rives on his new role and answer the following questions.

'La France, championne du monde en 2007'

1 Jean-Pierre Rives était la vedette de l'équipe française de rugby qui a remporté deux Grands Chelems en 1977 et 1981. Il parle de sa vie sportive et de son rôle actuel en tant que coprésident du comité d'organisation de la Coupe du monde 2007.

Vingt ans après votre retraite internationale, vous revenez sur le devant de la scène. Le monde du rugby vous manquait tant ?

Il ne m'a jamais vraiment quitté. Et quand Bernard Lapasset (*président de la Fédération française de rugby*) m'a demandé de coprésider la candidature française à l'organisation de la Coupe du monde 2007, je ne pouvais pas refuser. Je sais ce que je dois au rugby et au maillot bleu. Maintenant, nous organisons la compétition et il faut la gagner.

2 Vous y croyez ?

Oui, car la France a de bons joueurs et un encadrement solide. Bernard Laporte et Jo Maso (*entraîneur et manager*) sont très compétents […]. Avec eux, les joueurs prennent du plaisir. Le groupe a le potentiel pour remporter la Coupe. Leur dernier Grand Chelem le prouve.

Un mot sur l'Australie, l'adversaire des Français […] ?

Les Wallabies ont du talent. Le rugby, chez eux, est une culture, une religion. Ils ont toujours développé du beau jeu. Et, en rugby, la défaite existe aussi.

3 Comme les All Blacks que vous aviez battus chez eux le 14 juillet 1979. Une victoire historique…

[…] Cette rencontre a marqué les esprits des Français mais, pour moi, il s'agit juste d'un match. L'histoire d'un ballon avec des hommes autour. On retire le ballon, il reste les hommes. C'est l'essentiel.

Le professionnalisme n'a-t-il pas altéré certaines valeurs ?

Non, il faut vivre avec son temps et ne jamais oublier que ce sont les joueurs qui font le rugby. Quand vous discutez avec Poitrenaud, Jauzion ou Michalak, ils parlent terrain, amour du jeu, passion, comme à mon époque. Tout cela n'a pas changé. Le rugby est un sport d'émotion et il le restera.

4 Barbarians attitudes

Sur le modèle britannique, Rives et des internationaux créent, en 1979, leur propre sélection française : le Barbarians Rugby Club. Objectif : disputer des matchs amicaux en France et à travers le monde pour promouvoir le rugby et ses valeurs : « C'est l'équipe des joueurs, pour les joueurs et faite par les joueurs. »

© Alexandre Alfonsi / *Télé 7 jours* / SCOOP

(a) What role has Jean-Pierre Rives at present? (**part 1**)

_____

(b) What reason does he give for accepting the role? (**part 1**)

_____

(c) Give **one** reason he gives for believing that France can win the next World Cup. (**part 2**)

_____

(d) Why does he believe the Australian team is so successful? (**one** reason) (**part 2**)

_____

_____

(e) For him, what is the essential element of rugby? (**part 3**)

_____

(f) Despite professionalism, what characteristics do rugby players still have (**two** points)? (**part 3**)

_____

(g) Where did the inspiration for the Barbarians come from? (**part 4**)

_____

(h) What was the aim of those who established the Barbarians? (**part 4**)

_____

_____

Paper 11

Question 1

Match the following sets of signs and pictures. Indicate your answer in all cases by inserting the letters which correspond to the numbers in the boxes below.

1	SYNDICAT D'INITIATIVE	A	
2		B	FLEURISTE
3	POUBELLES	C	
4		D	LIBRAIRIE
5	ESSENCE	E	
6		F	TOURNEZ À DROITE
7	BAIGNADE INTERDITE	G	
8		H	ATTENTION TAUREAU !
9	QUINCAILLERIE	I	REQUIN
10		J	TABAC

No.	Letter
1	
2	
3	
4	
5	
6	
7	
8	
9	
10	

Question 2

Read the signs / advertisements / texts which follow and answer all the questions.

(i) You want to find the beach in the resort in which you are staying, which sign would you follow?

- **(a)** Piscine
- **(b)** Plage
- **(c)** Port
- **(d)** Carte

(ii) You want to buy a ticket for the train in a French railway station. Which sign would you look for?

- **(a)** Renseignements
- **(b)** Correspondance
- **(c)** Composteur
- **(d)** Guichet

Question 3

This motorway sign tells you that

- **(a)** there is a swimming pool ahead.
- **(b)** there is a toll booth ahead.
- **(c)** there is a rest area ahead.
- **(d)** there is an accident ahead.

Sortie – aire de repos
1 000 mètres

Question 4

What does this sign tell you?

- **(a)** The lift is on its way up.
- **(b)** The lift is full.
- **(c)** The lift is on its way down.
- **(d)** The lift is out of order.

Ascenseur
en panne

Question 5

Read this advertisement for a sailing course and answer the questions.

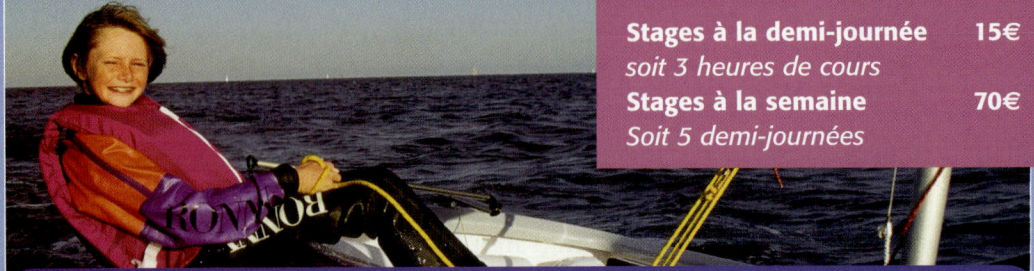

École de Voile

STAGES DE VOILE SUR OPTIMISTES

Pendant tout l'été
Enfants de sept à quinze ans
Matin : de 9h00 à 14h00
Après-midi : de 14h00 à 18h00

Stages à la demi-journée   15€
soit 3 heures de cours
Stages à la semaine   70€
Soit 5 demi-journées

IMPÉRATIF : SAVOIR NAGER
Pour tous renseignements et inscriptions, veuillez contacter directement le bureau de l'École de Voile.

(a) For which age group is this course suitable?

_____

(b) How many hours tuition do you get for €15?

_____

(c) What is the only qualification you need to participate?

_____

Question 6

Read this news item and answer the questions.

Mort de Fred Hale Senior

Fred Hale est décédé vendredi le 18 novembre à New York pendant qu'il dormait. Âgé de cent-treize ans, il était réputé être l'homme le plus âgé du monde. Il aurait fêté son cent quatorzième anniversaire le premier décembre, dans deux semaines. Quand Fred Hale est né, il n'y avait ni avions dans l'air, ni voitures dans les rues. L'année de sa naissance, les Indiens Sioux avaient été massacrés à Wounded Knee, South Dakota.

(a) How did Fred Hale die?   _____

(b) What was remarkable about this man?   _____

(c) Why are planes and cars referred to in the article?   _____

Read this recipe for pear tart and answer the following questions.

La tarte aux poires

Pour 4 personnes

Préparation : 25 mn

Ingrédients : 250 g de farine, 100 g de beurre, 1 petit verre d'eau salée, 1 kg de poires, 75 g d'amandes concassées, 50 g de sucre en poudre, 1 cuillerée de vanille en poudre et de cannelle

1 Mélangez la farine et le beurre ramolli. Ajoutez l'eau salée.
2 Laissez reposer la pâte.
3 Épluchez les poires, coupez-les en deux, enlevez le cœur.
4 Aplatissez la pâte au rouleau et placez-la dans un moule à tarte.
5 Recouvrez le fond d'amandes concassées, disposez les poires, puis saupoudrez-les de sucre, de vanille et de cannelle. Placez la tarte dans un four chaud et faites-la cuire 35 mn.

(a) Complete the ingredients of the recipe

    (i)   250 grammes   ____ _____

    (ii)   50 grammes   ____ _____

    (iii)   1 small glass   ____ _____

(b) According to instruction 1, what should be done with the butter before beating it with the flour?

_____

(c) According to instruction 3, what do you do with the pears? (**one** instruction)

_____

Here is a selection of small ads from a French newspaper offering various services. Read them through and answer the questions which follow.

RÉNOVE ÉMAIL

Depuis 1978

Tél : 04.93.18.30.30

Votre baignoire remise à neuf sans démontage

COIFFURE À DOMICILE

Pour Lui : 20€
Pour Elle : 25€

Tél : 04.93.56.32.10

REPAS LIVRÉS À DOMICILE

5 choix tous les jours
Relaxez-vous et laissez-nous faire le travail !

Tél : 04.93.55.89.45

TOUT POUR LA PISCINE

Filtration, stérilisation, nettoyage
30 ans d'expérience à votre service

Tél : 04.93.12.13.15

Tél : 04.93.15.02.06

**Artisan Fabricant
Devis Gratuit**

PLACARDS SUR MESURE

Service Rénovation

De la cave au toit !
Peinture, ravalement, carrelage, maçonnerie, plomberie, électricité
Notre savoir-faire à votre service
Devis gratuit

Tél : 04.93.85.81.97

DÉBARRASSEZ VOTRE VIE !

Notre service est disponible pour caves, greniers, appartements
Achat possible – Brocante 2006

Tél : 04.93.21.05.12

Which number would you phone if you needed

(a) fitted cupboards? 04.93. _____

(b) a meal delivered to your house? 04.93. _____

(c) your hair done at home? 04.93. _____

(d) your attic cleared out? 04.93. _____

(e) your house painted? 04.93. _____

Read this article about the swarms of locusts, which descended on the Canary Islands and answer the following questions.

Les criquets ont envahi l'île !

1 Des nuages de criquets sont arrivés sur les îles des Canaries. Les premiers sont apparus dimanche soir à Fuerteventura. Avec l'arrivée de ces 'touristes inattendus', de nombreux vacanciers ont dû fuir les plages. « C'était incroyable ! » raconte M. O'Brien, un Irlandais qui passe toujours une quinzaine de jours ici. « Je n'ai jamais rien vu de tel. On aurait dit qu'il y avait du brouillard et le bourdonnement était vraiment intense. »

2 Ces derniers mois, les criquets ont dévasté des régions d'Afrique, notamment au centre et à l'ouest du continent. Heureusement, ils ne se sont pas encore attaqués à la végétation de Fuerteventura. La production de céréales sur les îles n'est pas très importante, mais les fruits sont au premier rang de la production agricole. Un nuage de criquets peut varier entre moins d'un kilomètre carré à quelques centaines de kilomètres carrés.

3 Le directeur général du département de l'agriculture régionale explique que les criquets ne mangent pas car ils sont trop fatigués, après leur vol. Les responsables ont donc décidé, pour le moment, de ne pas utiliser d'insecticide. « Nous ne voulons pas faire de mal à notre environnement », expliquent-ils.

4 Les îles sont très fréquentées en cette période de l'année. De nombreux vacanciers viennent pour échapper au temps gris de l'Europe du Nord. Cette région reste à la troisième place sur la liste des endroits espagnols les plus fréquentés par les touristes pendant les neuf premiers mois de l'année.

(a) When did the locusts first arrive in Fuerteventura? (**part 1**)

_____

(b) What happened to the holiday-makers when the insects arrived? (**part 1**)

_____

(c) How did Mr O'Brien describe the event (**one** point)? (**part 1**)

_____

(d) What is the main crop on the islands? (**part 2**)

_____

(e) Why is it thought that the locusts are not destroying the crops at present? (**part 3**)

_____

(f) Why do the authorities not want to spray the insects? (**part 3**)

_____

(g) Why is the area so attractive to tourists at this time of the year? (**part 4**)

_____

(h) How do you know that the islands are very popular with tourists? (**part 4**)

_____

Read this article about a factory which has closed down and answer the questions which follow.

Inconsolables – les ouvriers de Ste Marie de Vallée

1 *Les larmes aux yeux, les employés de l'entreprise JCL ont quitté la salle d'assemblée de leur usine vendredi dernier. La patronne, Claudette Legendre, a annoncé la fermeture de l'entreprise, qui fabriquait des chaussures depuis plus de cent ans. Les trente-cinq employés, qui habitent tous dans ce petit village du sud-est de la France, sont inconsolables.*

2 « C'est incroyable », explique Renée Lejeune, employée depuis plus de trente ans. « Nous ne pensions pas que l'entreprise pourrait fermer un jour. Mon père a toujours travaillé ici ainsi que toutes mes tantes. » Un autre employé, Albert Gaurin, âgé de soixante-neuf ans raconte : « Je ne sais pas ce que je vais faire. JCL, c'est toute ma vie. J'ai commencé à travailler ici quand j'avais dix-sept ans. Plus de cinquante ans dans la même entreprise ! »

Même pendant les deux guerres mondiales, la production n'a pas cessé. En 1915, JCL avait obtenu un contrat pour l'approvisionnement de l'armée française en bottes militaires pour les soldats, contrat qui fut renouvelé pendant la deuxième guerre mondiale.

3 La patronne actuelle, Claudette Legendre, raconte l'histoire de cette entreprise. « C'est mon arrière-grand-père qui a fondé l'entreprise. Il s'appelait Jean Legendre. Il était cordonnier et réputé pour la qualité de son travail. Des clients venaient de toutes les grandes villes du voisinage. Peu à peu, il a commencé à employer des jeunes du quartier pour l'aider dans son magasin. Il a envoyé deux de ses fils (mon grand-père, Claude et son

frère Laurent) dans le nord de l'Angleterre pour faire leur apprentissage chez des bottiers renommés. Là, ils ont appris leur métier et sont revenus avec de nouvelles techniques et des idées pour transformer le magasin de leur père en une grande entreprise. Ils ont bâti une usine dans le village de Ste Marie de Vallée et ils ont commencé la production. Le nom de l'entreprise venait des initiales de leurs noms, Jean, Claude et Laurent. »

4 « Nous regrettons beaucoup cette fermeture, mais l'industrie a changé. Les coûts de production ont augmenté et la concurrence des pays orientaux est trop difficile. Nous ne pouvons pas continuer. »
Les portes de l'usine fermeront pour de bon dans un mois. Ce sera la fin d'une grande tradition dans cette région.

(a) How did the employees take the news? (**part 1**)

_____

_____

(b) How long ago was this firm established? (**part 1**)

_____

(c) For how long has Albert Gaurin worked for the company? (**part 2**)

_____

(d) How did the firm survive during the First World War? (**part 2**)

_____

(e) What relation was Jean Legendre to the present owner? (**part 3**)

_____

(f) Why did Jean Legendre send his sons to England? (**part 3**)

_____

_____

(g) Where did the firm JCL get its name from? (**part 3**)

_____

(h) Give **one** reason why the company has to close. (**part 4**)

_____

Paper 12

Question 1

Match the following sets of signs and pictures. Indicate your answer in all cases by inserting the letters which correspond to the numbers in the boxes below.

No.	Letter
1	
2	
3	
4	
5	
6	
7	
8	
9	
10	

1. URGENCES
2. (bump road sign)
3. PAPETERIE
4. (man at desk with money)
5. SAPEURS - POMPIERS
6. (pétanque / boules players)
7. FRIGOS EN SOLDE
8. (village with church)
9. PASSAGE À NIVEAU
10. (postbox scene, LEVÉE À 16 HEURES)

A. (railway level crossing)
B. TERRAIN DE BOULES
C. (hospital trolley scene)
D. ABBAYE DU XVème SIÈCLE
E. (open fridge, -30)
F. BANQUE
G. (stationery items)
H. LA POSTE
I. (fire engine, PIM-PON)
J. RALENTISSEZ !

Read the signs / advertisements / texts which follow and answer all the questions.

(i) You are buying some sports-gear and your French friend tells you it is in the basement of the shop. What sign do you look for?

(a) Sortie

(b) Rez-de-chaussée

(c) Cave

(d) Sous-sol

(ii) You need to date-stamp your ticket before you get on the train. Which sign would you look for?

(a) Billeterie

(b) Composteur

(c) Guichet

(d) Consigne automatique

Question 3

Where would you see this sign?

(a) on a building-site
(b) in a swimming-pool
(c) in a classroom
(d) in a playground

Port du casque obligatoire sur le chantier

Question 4

What does this sign indicate?

(a) bikes for sale
(b) parking for bikes
(c) bike repairs
(d) bikes for rent

Location de vélos

Read this brochure and answer the questions below.

Embarquez sur le canal centenaire pour franchir, en bateau, les ascenseurs hydrauliques et visitez la salle des machines.

A l'époque, chacun des quatre ascenseurs fut construit pour pallier une différence de dénivellation de l'ordre de 17 m, grâce à une seule source d'énergie : l'eau...

A voir également : la cantine des Italiens, véritable musée de l'immigration italienne (possibilité d'hébergement et de restauration), et le nouveau centre d'accueil des visiteurs, bâtiment panoramique.

© *Sites Touristiques du Canal Historique du Centre*

(a) What means of transport is mentioned in this brochure?

_____

(b) How many water lifts were constructed on this site?

_____

(c) The museum is dedicated to the workers of what nationality?

_____

Question 6

Read this news item and answer the questions.

> ## Roularta
>
> Le groupe de presse belge lance en France, mercredi 11 novembre, *Rock Wanted*, un magazine mensuel traitant 'de toutes les musiques rock'. Chaque numéro proposera un magazine de 100 pages et un DVD de 90mn avec de nombreux enregistrements 'live' et acoustiques, pour 5,90 euros.

(a) What is the nationality of the group who is launching this new magazine?

_____

(b) How often will the magazine appear?

_____

(c) What will you get for €5.90?

_____

Question 7

Read this news item and answer the questions.

> ## Rennes
>
> Une collision entre une voiture et un scooter s'est produite hier, lundi 15 novembre, au carrefour de quatre routes. Dans des circonstances qui n'étaient pas encore établies avec certitude par les gendarmes hier après-midi, une voiture conduite par un automobiliste a percuté un scooter. Le conducteur du scooter, qui avait une cinquantaine d'années, a trouvé la mort peu de temps après l'accident.

(a) What **two** vehicles were involved in this accident?

_____

(b) Where exactly did the accident happen?

_____

(c) According to the police, what is the likely cause of the accident?

_____

(d) What age was he?

_____

(e) What happened to the victim?

_____

Question 8

You and your parents are staying in the South-East of France and want to go on a number of excursions while you are there. Read these extracts from the holiday brochure and answer the questions below.

La Bastide

Prieuré Sainte Marie

Édifié au XIe siècle, ce magnifique prieuré est classé monument historique. Un des fleurons de la région, son architecture est traditionnelle et témoigne de l'Art roman.

Borgue

La ferme du soleil

Pensez à vous arrêter dans cette immense ferme où vous pourrez déguster de nombreux produits régionaux. Ne partez pas les mains vides !

Mauban

Église saint Thomas

Cette merveilleuse église romane se trouve au cœur d'un charmant petit village de Provence. Classé monument historique, elle date du XIIe siècle.

Apt

La fabrique de verre

Dans une jolie ville typique de la région, découvrez la magie des souffleurs de verre. Leur technique et leur art impressionneront les petits comme les plus grands.

Bleauvec

Les aigles majestueux

Voici un spectacle fascinant à ne pas manquer : le vol en liberté de ces oiseaux majestueux et impressionnants. Venez admirer l'art de la fauconnerie dans ce village situé en pleine montagne.

Villars-les-bains

Abbaye saint Benoît

Cette abbaye bénédictine préromane d'une grande sobriété a été construite en 780. Son histoire fut mouvementée et elle est de nos jours classée monument historique.

Saint Saturnin les Apt

Charmant petit village de Provence, possédant les vestiges d'une ancienne ville du XIe siècle. La visite au moulin vous réjouira. Vous découvrirez également le point de départ de nombreuses randonnées dans la montagne. Pour toute la famille, choisissez le sentier botanique.

Where would you go

(a) if you wanted to see glass being made? _____

(b) if you wanted to buy local products? _____

(c) if you wanted to view an old Benedictine abbey? _____

(d) if you wanted to see birds of prey? _____

(e) if you wanted to see an old mill? _____

Read this article about a change of life-style and answer the questions.

Nouvelle vie à la ferme

1 Jean-Louis Ménard et sa femme Joséphine ont ouvert, le mois dernier, les portes de leur ferme au public. Ils ont complètement changé leurs activités fermières en remplaçant les animaux traditionnels (vaches, porcs, moutons) par des animaux plus petits et plus rares. « De nos jours, il est de plus en plus difficile de vivre avec une ferme traditionnelle. Nous avons deux fils, mais ils n'ont pas envie de rester ici. Avec l'âge, nous souhaitons une vie un peu moins dure. »

2 C'est en Angleterre qu'ils ont découvert cette activité, dans une ferme qu'ils ont visitée il y a deux ans. « L'idée nous a plu », dit Joséphine. « De nos jours, il y a tellement d'enfants qui n'ont jamais vu un animal de près. Leurs idées viennent souvent d'images dans des livres, sur des paquets d'emballage ou sur des affiches de supermarché. » Aujourd'hui, chez les Ménards, on peut voir de nombreux petits animaux : poules, poussins, canards, canetons, lapins et chèvres. Les deux chats et leurs chatons font aussi partie de la visite. Leur ferme se trouve dans un petit village au sud de Lille. Ils espèrent attirer enfants et parents hors du centre ville.

3 À part les animaux traditionnels, les Ménards ont aussi des espèces plus rares, comme des chèvres italiennes aux cornes torsadées, des cochons à laine de Hongrie et un petit âne d'origine irlandaise. Les enfants peuvent donner à manger aux animaux et les soigner (sous la surveillance des Ménards). Lors du premier week-end d'ouverture, ils ont accueilli plus de cinquante visiteurs, la plupart d'entre eux âgés de moins de huit ans. « Ce qui m'a beaucoup frappé, c'est lorsqu'un petit garçon d'environ cinq ans est arrivé en criant à tue-tête qu'il avait trouvé un oeuf qu'une poule venait de pondre. Il était très excité ! Pour lui, on trouve les oeufs dans un carton dans le frigo ! À ce moment-là, j'ai su que notre idée avait une valeur précieuse. »

(a) What did Jean-Louis and Josephine do recently? (**part 1**)

_____

(b) Give **one** reason for their decision. (**part 1**)

_____

(c) Name **one** way in which children get their ideas about animals nowadays. (**part 2**)

_____

(d) Name **two** types of animals to be found on the Ménard's farm. (**part 2**)

_____

(e) Where exactly is the farm situated? (**part 2**)

_____

(f) Name **one** type of unusual animal which they have. (**part 3**)

_____

(g) What are children encouraged to do? (**part 3**)

_____

(h) Describe the incident which has made it all worthwhile for the couple. (**part 3**)

_____

Read this report about a group of French teenagers who have just returned from a visit to Ireland and answer the questions below.

« L'Irlande, un pays pluvieux ? Ce n'est pas vrai ! »

1 Telle est l'opinion d'un groupe de jeunes adolescents français, récemment rentrés d'un séjour en Irlande. Ces jeunes ont passé six jours dans une ville en jumelage avec la leur, qui se trouve sur la côte est de l'Irlande. « Pas une seule goutte de pluie, c'était incroyable ! Nous avions emmené des K-way, des pulls et des gants. Au lieu de cela, nous avons eu besoin de shorts, de t-shirts et de maillots de bain ! », raconte Serge Duclos, 14 ans. Le groupe comptait vingt jeunes et trois accompagnateurs. Ils étaient hébergés chez des adolescents du quartier du même âge.

2 Pendant leur séjour en Irlande, le groupe a participé à des activités très variées : sport, théâtre et excursions en ville. Pour quelques-uns, le grand moment fut une visite à Croke Park pour voir un match de football

gaélique. Les journées étaient chargées. Les matinées commençaient avec des rencontres sportives (foot, tennis, basket, badminton). Les équipes étaient toujours mixtes (des Irlandais et des Français) pour encourager les contacts entre les deux groupes. « D'abord, j'ai trouvé que c'était un peu difficile, car j'apprends l'anglais depuis seulement deux ans », explique Florence Gilbert, 13 ans. « Mais quand on joue au foot, la langue est internationale : un match, un corner, le score… »

3 « Ce que j'ai le plus apprécié, c'est la mer », raconte Justine Thomas, 12 ans et demi. « Nous avons passé tout un après-midi à la plage, pique-niqué, pataugé dans les vagues, construit des châteaux de sable et participé à une chasse au trésor le long de la côte ». Le soleil a brillé sans cesse, tous les jours.

4 Nous avons demandé aux jeunes Français s'ils avaient remarqué une différence entre les jeunes Irlandais et eux-mêmes. « Je crois qu'ils mangent plus de friandises que nous », a remarqué Mathieu Guillemot. « À mon avis, ils font un peu plus attention à de ce qu'ils portent – leurs vêtements sont très à la mode. Ils portent beaucoup de marques », remarque Sandra Mounier. « Et presque tout le monde a un portable ! »

Les jeunes Français attendent avec impatience le voyage de leurs nouveaux amis l'année prochaine. « Je me suis fait un tas de copains. J'espère les revoir chez nous », explique Émilie Gourronc, 13 ans. Un des responsables du groupe nous a dit : « Beaucoup d'entre eux ont pleuré lorsque le car est parti pour l'aéroport de Dublin. J'étais très étonné. »

(a) What clothing had the French teenagers brought with them (**two** items)? (**part 1**)

_____

(b) What accommodation did they have? (**part 1**)

_____

(c) Why were the sports teams of mixed nationality? (**part 2**)

_____

(d) Why was this difficult for Florence Gilbert? (**part 2**)

_____

(e) Name **two** activities the group took part in when they were on the beach. (**part 3**)

_____

(f) Name **one** difference that the French teenagers noticed about their Irish counterparts. (**part 4**)

_____

(g) When will the return trip take place? (**part 4**)

_____

(h) Why was the group leader surprised? (**part 4**)

_____

Paper 13

Question 1

Match the following sets of signs and pictures. Indicate your answer in all cases by inserting the letters which correspond to the numbers in the boxes below.

No.	Letter
1	
2	
3	
4	
5	
6	
7	
8	
9	
10	

No.	Sign		Picture
1	GARE S.N.C.F.	A	
2		B	MARCHAND DE TAPIS
3	RAYON FEMMES	C	
4		D	LAVERIE AUTOMATIQUE
5	CAISSE OUVERTE	E	
6		F	ATTENTION CROISEMENT !
7	LOCATION DE BATEAUX	G	
8		H	DÉFENSE DE FUMER
9	HIPPODROME	I	
10		J	CRÊPES

Question 2

Read the signs / advertisements / texts which follow and answer all the questions.

(i) You want to get up-to-date information on the traffic on the French motorways. Which site would you click on?

(a) www.voitures.fr

(b) www.automobiles.fr

(c) www.circulation.fr

(d) www.consignesautomatiques.fr

(ii) You want to bring home some French cheese. Which sign in the supermarket tells you where you will find it?

(a) Légumes

(b) Chaussures

(c) Fromages

(d) Plats surgelés

Question 3

Who would be interested in this sign?

Gratuit !
Cartes des
autoroutes

(a) motorists
(b) road-workers
(c) cyclists
(d) chefs

Question 4

Where would you see this sign?

(a) outside a cinema
(b) outside an art gallery
(c) outside a secondary school
(d) outside a swimming pool

Lycée Claude Monet

Read this brochure offering an excursion to Barcelona and answer the questions.

Mercredi

Visite organisée de Barcelone et du "Barça"　　30€

À votre arrivée à Barcelone, découverte de la ville : la Sagrada Família… Ensuite, visite du Musée du FC Barcelona (trophées, photographies…) et vue mythique du stade depuis la tribune. Puis, montée jusqu'au Montjuic d'où vous aurez une vue panoramique de la ville. Déjeuner libre. L'après-midi, vous pourrez flâner sur las Ramblas et dans le quartier Gothique pour faire du shopping.

Dates de départ : Juin : le 2, 9, 16, 29 / Août : le 6, 13, 20, 27 / Septembre : le 3, 10, 17

(a) On what day of the week does this excursion take place?

_____

(b) Name **one** thing you can see at the FC Barcelona Museum.

_____

(c) What can be seen from Montjuic?

_____

(d) What can you do during the afternoon?

_____

Question 6

Read this brochure about trains in France and answer the questions.

● **Vous voyagez entre Paris-Amiens et Calais ? Découvrez ou redécouvrez les services qui sont proposés à bord de ces trains :**
● le Point Information, situé dans la voiture 14, où le contrôleur se tient à votre disposition pour tout renseignement, en dehors de ses déplacements dans le train,
● des distributeurs automatiques de boissons chaudes, fraîches ou de friandises, situés dans les voitures 13, 15 et 17, pour vous accorder une petite pause gourmande à bord,
● l'espace vélo, en voiture 14, pouvant accueillir gratuitement jusqu'à 6 vélos.

● **Pour repérer plus facilement votre voiture, vous trouverez au départ de Paris-Nord :**
● en queue de train, les voitures de 1ère classe fumeurs et non-fumeurs,
● en tête de train, les voitures fumeurs de 2ème classe.

© *SNCF – Société Nationale des Chemins de Fer Français* – tous droits réservés

(a) Where will you find the information point on the train?

_____

(b) How can you get a hot drink on board the train?

_____

(c) How much does it cost to take your bike on the train?

_____

Read this recipe and answer the questions which follow.

Biscuits de Noël

Biscuits
1/2 verre d'huile
1/2 verre de miel
1/2 verre de sucre en poudre
2 verres de farine
1 jaune d'oeuf (gardez le blanc pour le glaçage)
1/2 cuillerée à café de poudre de cannelle
1/2 cuillerée à café de noix de muscade râpée
1 pincée de poudre de gingembre
1 pincée de sel

Glaçage
100 g sucre glace
1 blanc d'oeuf
2 cuillerées à café de jus de citron

Préparation
1 Mélangez ensemble le jaune d'oeuf, le miel, l'huile et le sucre.
2 Versez la cannelle, le sel, la muscade et le gingembre.
3 Ajoutez petit à petit la farine et mélangez à la main.
4 Si la pâte colle, ajoutez un peu de farine.
5 Étalez la pâte sur du papier cuisson.
6 Découpez des formes à l'aide d'un emporte-pièce.
7 Faites cuire 15 mn au four, Th 5 (190 degrés).
8 Préparez le glaçage blanc pour décorer les biscuits.

(a) Which of the following ingredients is **<u>not</u>** included in the recipe for biscuits?
  (i) flour
  (ii) margarine
  (iii) ginger
  (iv) honey

(b) What part of the egg is used for the icing?

_____

(c) According to the instruction 4, if the mixture becomes too sticky, what should you do?

_____

(d) For how long do you cook the biscuits?

_____

Read the following extracts from a holiday brochure and answer the questions below.

Profitez de votre séjour à Carnac pour visiter ses environs

La Trinité-sur-Mer
Haut lieu de la voile, située à l'embouchure de la rivière de Crac'h, la Trinité-sur-Mer possède un grand port de plaisance.

Plouharnel
À l'entrée de la presqu'île de Quiberon, bordée de plages sauvages, découvrez ce charmant bourg et ses chapelles.

Quiberon
Une presqu'île de 14 km en mer avec sa spectaculaire côte sauvage à l'ouest et son port de pêche pittoresque.

Houat et Hoëdic
À quelques milles au sud de Carnac, ces deux îles sauront vous éblouir.

Auray
Vieille cité portuaire nichée au fond d'une ria, la Loch, Auray a su garder avec le quartier de Saint-Goustan un puissant caractère. En ville, place de la République, on voit encore de belles maisons à pan de bois.

Vannes
Capitale du Morbihan, du pays Vannetais, son origine se perd dans la nuit des temps. À visiter : le centre ville historique, les remparts, les tours et le musée archéologique.

Golfe du Morbihan
Situé au sud de Vannes, le golfe s'ouvre sur l'océan entre la pointe de Locmariaquer et Port-Navalo. La légende lui attribue 365 îles. Une promenade pour découvrir ce paysage à part s'impose.

Where would you visit if you wished to see

(a) old wooden houses? _____

(b) a fine marina? _____

(c) a city with ramparts and fortified towers? _____

(d) a fishing port? _____

(e) a town surrounded by unspoilt beaches? _____

Read this report on an adventurous cat and answer the questions which follow.

Le voyage de Boule

1 Boule est un joli chat, tout noir avec des petites pattes blanches. Il n'a que deux ans. Jusqu'à la semaine dernière, il menait une vie assez ordinaire : il passait son temps à dormir, manger, faire un petit tour de jardin, chasser des oiseaux et allait ensuite s'asseoir devant la cheminée de sa 'maman', Étiennette Leduc. La nuit, il dormait devant le feu, dans sa corbeille, roulé en boule. C'est cette habitude qui lui avait valu son nom. Boule menait donc une vie bien tranquille. Voilà pourtant qu'il vient de parcourir plus de 1 000 kilomètres ! Comment est-il donc arrivé au Pays de Galles ?

2 Andrew Phillips, un camionneur gallois, ne savait pas que Boule s'était caché dans son camion. Jeudi dernier, lorsqu'il ouvrit les portes de son poids lourd, une surprise l'attendait : tout au fond se trouvait un petit chat noir, qui miaulait piteusement. Boule venait de voyager depuis le Sud de la France jusqu'au domicile de M. Phillips, près de Cardiff, un trajet de trois jours. Boule portait un collier autour du cou. M. Phillips fut très étonné de lire le nom 'Boule', ainsi qu'un numéro de téléphone français. « J'ai immédiatement téléphoné au numéro indiqué et j'ai discuté avec Étiennette. Elle était ravie, mais également très surprise », explique M. Phillips.

3 « Je commençais à croire que Boule avait disparu pour de bon », raconte Mme Leduc. « Quand je suis rentrée mardi, Boule n'était pas là, et j'ai commencé à m'inquiéter. Alors, je l'ai cherché pendant trois jours. Mercredi, j'ai téléphoné à la police. Jeudi, j'ai mis des petites annonces dans les magasins du coin. Mais rien ! J'étais découragée.

Imaginez ma joie quand le téléphone a sonné jeudi soir. C'était M. Phillips avec cette bonne nouvelle. Nous avions quelques problèmes, car mon anglais n'est pas très bon ! »

4 Comment Boule est-il entré dans le poids lourd ? En fait, c'est assez simple : Andrew Phillips se trouvait de passage dans le village de Mme Leduc. Il prenait une livraison de produits de beauté pour une boutique de Cardiff. Boule est certainement entré à l'intérieur du poids lourd pendant qu'on le chargeait. Enfin, comment renvoyer Boule en France, chez Étiennette qui a hâte de le revoir ? En attendant de trouver une solution, le petit chat semble parfaitement à l'aise dans la maison de M. Phillips, gâté par ses deux enfants, Gareth et Neil.

(a) Give **two** pieces of information about Boule. (**part 1**)

_____

_____

(b) Where did the cat get his name? (**part 1**)

_____

(c) What nationality is Andrew Phillips? (**part 2**)

_____

(d) How long did the trip home take him? (**part 2**)

_____

(e) How was Andrew able to find out Boule's details? (**part 2**)

_____

(f) When did Étiennette discover that Boule had disappeared? (**part 3**)

_____

_____

(g) Name **one** thing she did in her search for Boule. (**part 3**)

_____

(h) What was the contents of the delivery Andrew was loading? (**part 4**)

_____

(i) What problem does Boule now face? (**part 4**)

_____

_____

The following article is about a young student, Hammasa Kohistani, who has been chosen as the English representative for the Miss World competition. Read the article and answer the questions which follow.

Angleterre, Miss Courage

1 Elle a 18 ans, possède une plastique de rêve et une tête bien faite, étudie la communication, la littérature anglaise et la sociologie, parle anglais, russe, farsi et français couramment, et vient d'écrire un chapitre historique dans l'histoire [...] des concours de Miss. Hammasa Kohistani, née à Tachkent en Ouzbékistan après que ses parents eurent fui l'Afghanistan, est devenue le 3 septembre la première musulmane à décrocher le titre de Miss Angleterre. Parmi les quarante finalistes, quatre étaient musulmanes, dont la favorite, Miss Nottingham, alias Sarah Mendly, 23 ans, étudiante en biochimie d'origine irakienne.

2 La participation de quatre prétendantes musulmanes avait été fustigée* par certains dignitaires religieux, qui, « *choqués* » qu'elles doivent défiler en Bikini, les avaient invitées à se retirer du concours, en les accusant « d'abjurer leur foi ». [...] Hammassa Kohistani n'a pas été impressionnée par les critiques. Au contraire. La jeune femme a fermement déclaré qu'elle avait un grand respect pour les chefs religieux, tout en soulignant qu'elle pensait ne pas avoir commis de péché et que son point de vue devait être respecté. « *Tant que mes*

parents sont fiers de moi, j'ai la conscience tranquille », a-t-elle conclu.

3 Arrivée en Grande-Bretagne il y a seulement neuf ans, Hammasa Kohistani pourrait devenir un symbole pour les jeunes filles issues de l'immigration. « *J'ai longtemps pensé que je ne pourrais jamais devenir mannequin puisque je n'ai ni les cheveux bonds ni les yeux bleus, mais je viens de prouver le contraire*, a-t-elle expliqué. *J'aimerais que cette victoire soit un exemple pour les jeunes filles issues des minorités ethniques, et leur dire que, quand on* veut quelque chose, on peut y arriver. » Deux mois après les attentats meurtriers au coeur de Londres, Hammassa Kohistani a vu dans son élection un message « positif d'acceptation de la diversité » de la part de la communauté britannique.

4 En espérant ne pas « *être la dernière musulmane à gagner un titre de ce genre* », la jeune fille concourra pour le titre de Miss Monde, organisé en Chine en décembre prochain. Car elle veut croire à un nouveau geste symbolique du jury.

*fustigée	denounced

© Caroline Laurent, *ELLE*, 12 septembre 2005

(a) Apart from English, what other languages does Hammasa speak? (Name **two**) (**part 1**)

_____

(b) What was unique about what happened on 3 September? (**part 1**)

_____

(c) Where did the family of the favourite for the competition come from? (**part 1**)

_____

(d) What did the religious leaders invite the girls to do? (**part 2**)

_____

(e) What does Hammasa say about her parents? (**part 2**)

_____

(f) For how long has Hammasa been living in Great Britain? (**part 3**)

_____

(g) Why did she think she would not succeed as a model? (**part 3**)

_____

(h) What message does her election send out to other immigrant minorities? (**part 3**)

_____

(i) What is her hope for the future? (**part 4**)

_____

(j) When and where will the Miss World competition take place? (**part 4**)

_____

Paper 14

Question 1

Match the following sets of signs and pictures. Indicate your answer in all cases by inserting the letters which correspond to the numbers in the boxes below.

1	FROMAGES	A	
2		B	BAGUETTES
3	DÉFENSE D'ENTRER	C	NEW YORK ... MADRID PARIS
4		D	ESSENCE SANS PLOMB
5	PHARE	E	
6		F	PISTE CYCLABLE
7	PEINTURE FRAÎCHE	G	CLUB PRIVÉ
8		H	POISSONNERIE
9	AGENCE DE VOYAGE	I	
10		J	MAISON DE LA PRESSE

No.	Letter
1	
2	
3	
4	
5	
6	
7	
8	
9	
10	

Read the signs / advertisements / texts which follow and answer all the questions.

(i) You have a lot of luggage with you and would like to leave some of it overnight in the local railway station. Which sign would you follow?

(a) Chariots

(b) Salle d'attente

(c) Sac à dos

(d) Consigne automatique

(ii) You and your French friend want to hire a bike. What sign would you look out for?

(a) Vélodrome

(b) Vente de vélos

(c) Location de vélos

(d) Circuit à vélos

Question 3

What does this sign indicate?

(a) The shop is closed for holidays.
(b) The shop sells farm produce.
(c) The shop is having its annual sale.
(d) The shop will be closed for a year.

> Fermé
> Congé annuel

Question 4

This road sign tells you that

> Attention !
> Travaux
> 2 000 m

(a) there is a lot of traffic ahead.
(b) the road has collapsed.
(c) you must take an alternative route.
(d) there is road-works ahead.

Read this brochure about horse-riding holidays and answer the questions.

Vacances Équestres en Normandie

- Promenades à cheval ou à poney sur les plages et les falaises
- Accessible à tous les niveaux
- Possibilité de randonnée sur deux jours à la campagne
- Possibilité d'hébergement sur place
- Ouvert toute l'année
- Juillet/Août : randonnées de nuit, balades sur la plage

(a) For what level ability are these holidays suitable?

_____

(b) Where can you stay?

_____

(c) What is offered during July and August? (**one** point)

_____

Question 6

Read this sports article and answer the questions.

O'Driscoll et D'Arcy soignés en Pologne

Brian O'Driscoll et Gordon D'Arcy, centres de l'équipe d'Irlande, sont partis à Spala en Pologne pour y soigner des blessures derrière [la] cuisse. Les deux joueurs, accompagnés de leur préparateur physique Brian Green, se sont rendus au centre spécialisé en cryothérapie (traitement par le froid) de Spala où la sélection [du] Trèfle s'était entraînée pour préparer la saison.

Ils seront de retour dans la semaine, et un bilan sur leurs blessures ne sera pas établi avant dimanche, au plus tôt.

© *L'Indépendant*, 15 février 2005

(a) To which country have Brian O'Driscoll and Gordon D'Arcy gone? _____

(b) What type of injuries are they suffering from? _____

(c) What is special about the therapy used at Spala? _____

Read this recipe and indicate with a tick (✓) whether the statements are **True** or **False**.

Rôti de veau aux pommes et au chou vert

Pour 4 personnes

Préparation : 20 mn

Ingrédients : 1 rôti de veau d'1 kg, 160 g de beurre, sel, poivre, quatre gousses d'ail, quelques herbes (thym, laurier, sauge, romarin), 1 chou vert, 1 kg de pommes, une pincée de sel et de poivre, une cuillerée de miel

1 Enduisez le rôti de beurre, piquez-le d'ail et saupoudrez-le de sel, de poivre et d'herbes. Faites-le cuire 60 mn au four, en le recouvrant de deux ou trois cuillerées à soupe d'eau de temps en temps.

2 Pendant ce temps, blanchissez le chou 10 mn dans une large casserole d'eau bouillante.
Égouttez-le et coupez-le en quatre. Ensuite, faites-le cuire 20 mn à la vapeur avec 80 g de beurre.

3 Épluchez les pommes, coupez-les et faites-les dorer dans 80 g de beurre. Ajoutez le miel.

4 Placez le rôti dans un plat chaud, ainsi que le chou et les pommes.

5 Servez le jus à part, dans une saucière.

Statement	True	False
(a) The ingredients of this recipe include potatoes.	☐	☐
(b) The meat should be moistened while cooking in the oven.	☐	☐
(c) The cabbage should be cut in half.	☐	☐
(d) The meat should be served on a hot dish.	☐	☐
(e) The gravy should be poured over the dish before serving.	☐	☐

Question 8

In the letters page of a French magazine teenagers write about what they hope to do for their summer holidays. Read the letters and then answer the questions below.

Cet été, je pars en vacances avec ma famille aux États-Unis. Mon oncle Charles habite à New York. Ce sera super ! J'espère faire du shopping et visiter tous les endroits les plus célèbres.
Alice (16 ans)

Mon père est au chômage en ce moment, donc nous n'avons pas assez d'argent pour partir en vacances. J'espère trouver un petit travail, peut-être dans le supermarché du coin. À part ça, je traîne avec les copains. Il n'y a pas beaucoup à faire dans notre quartier.
Céline (14 ans)

Nous avons une résidence secondaire au bord de la mer, et nous passons presque tout l'été là-bas. Nous retrouvons les mêmes amis chaque année. Ça, c'est formidable !
Fabien (14 ans)

Cette année, je vais faire du baby-sitting et garder les enfants de ma tante. Ce sont des jumeaux de quatre ans. Ce sera super, car elle a loué une villa en Corse. Les enfants sont assez sages et je devrai les surveiller à la piscine et à la plage. Le soir, je devrai les garder quand ma tante et mon oncle sortiront. J'attends avec impatience mon séjour. C'est la première fois que je pars sans mes parents !
Claudine (15 ans)

Mes parents travaillent tous les deux. Donc, je vais tous les ans en colonie de vacances. C'est super, car nous faisons un tas de sports nautiques. La colonie se trouve au bord d'un lac.
Mathilde (14 ans)

Mes parents sont agriculteurs, alors c'est difficile de partir en vacances. Tout le monde doit aider à la ferme, mais nous avons deux chevaux et je fais de l'équitation tous les jours. J'adore ça.
Kévin (13 ans)

temps des moustiques. On retrouve toujours les mêmes personnes, on fait toujours les mêmes excursions. Je m'ennuie à mourir !
Guillaume (15 ans)

Cet été, nous partons faire du camping, comme d'habitude… Je déteste ça ! Ce n'est pas confortable, il n'y a pas de télé et il y a tout le

Cette année, je vais faire un échange avec ma correspondante irlandaise. Elle s'appelle Shona et elle habite dans la banlieue de Cork. J'espère visiter la campagne et faire de la voile. Son père a un voilier dans le port de Kinsale. On peut aussi faire de la pêche et du ski nautique.
Julie (15 ans)

What is the name of the person

(a) who hopes to get a summer job? _____

(b) who hates doing the same thing each year? _____

(c) whose parents find it hard to go on holidays? _____

(d) who is going on an exchange? _____

(e) who is going away without his/her parents for the first time? _____

Read this interview with Lucie Decosse, a member of the French Judo team and answer the questions which follow.

Lucie Decosse :

« Je veux montrer mon potentiel »

À 24 ans, la jeune Française est l'un des espoirs de l'équipe de France de judo.

1 L'an dernier, à Athènes, l'équipe de France ratait ses Jeux. Avec le recul, comment expliquez-vous cet échec ?
Il est d'abord personnel, il n'y a pas de raisons collectives. La préparation avait été respectée mais dans un grand championnat, on ne contrôle pas tout… Je me sentais bien le jour où j'ai combattu et, pourtant, j'ai fait des erreurs. Ce revers doit me faire avancer. Depuis, on a envie de prouver que la France reste une place forte du judo mondial. Il y a un esprit de revanche et la motivation est intacte !

Qu'attendez-vous de ces Mondiaux ?
Je combats toujours pour gagner. La compétition sera très rude, mais je vise une médaille. Quant à la couleur du métal, on verra bien.

2 Vous utilisez beaucoup la vidéo ?
Depuis un an, je revois régulièrement mes combats et ceux de mes adversaires. Ça fait vraiment partie du travail de judoka, un travail que l'on fait avant et après chaque grand rendez-vous. L'objectif est de ne pas être surpris par la technique de l'adversaire, de connaître ses prises favorites, ses points forts et ses faiblesses…

Comment êtes-vous venue au judo ?
J'ai commencé à l'école, à 6 ans. J'ai tout de suite accroché. J'ai toujours fait beaucoup de sport, mais ma préférence va aux disciplines individuelles.

Comment expliquez-vous que ce sport attire autant les filles que les garçons ?
On se sent à égalité. Les techniques sont les mêmes, le code moral également, on peut s'entraîner ensemble et les combats sont aussi spectaculaires chez les filles que chez les garçons.

3 Votre famille est souvent présente lors des compétitions. Ce soutien est-il nécessaire ?
Mes parents et mes sœurs viennent le plus souvent possible. Ça me rassure et me donne envie de bien faire, car la victoire, je veux la partager avec eux.

Au moment du salut, avant le combat, que ressentez-vous ?
Mon coeur bat super vite. Le judo, c'est ma passion, mais le plaisir doit laisser la place à l'envie de gagner. Quand j'ai le trac, je ne regarde pas trop mon adversaire. Ce qui compte, c'est de se concentrer sur la technique.

Vous recherchez le geste parfait ou la victoire ?
La victoire, c'est le top. On passe des heures et des heures à s'entraîner, on se fait mal pour y arriver donc on veut concrétiser ce temps passé sur le tatami en gagnant. L'or, c'est le but ultime, mais une médaille, c'est déjà bien.

© L'Hebdo, *Le Monde des ados n° 125*, Fleurus Presse 2005 – Renaud Blanc

(a) How did Lucie feel on the day of her Olympic competition? (**part 1**)

_____

(b) How has she felt since her disappointing performance there? (**one** thing) (**part 1**)

_____

(c) What is her aim for the World Championships? (**part 1**)

_____

(d) Name **one** thing she can learn from watching her opponents on video. (**part 2**)

_____

(e) What type of sports does she prefer? (**part 2**)

_____

(f) Apart from the techniques of judo being the same for boys and girls, give another reason why the sport attracts as many girls as boys? (**part 2**)

_____

(g) How does she feel as she gives the salute to start the fight? (**part 3**)

_____

(h) Why is winning so important for her? (**part 3**)

_____

_____

Read this article about Grégory and Hoda, who have been voted the most popular stars of the French reality TV series **Star Academy** 2004 and answer the questions which follow.

Greg et Hoda : Tendre duel

Ils forment le couple favori des Français. [...] Quelle que soit l'issue de ce match impossible (nomination, élimination, sortie anticipée), ce duel est aussi une histoire d'amitié.

1 Gregory, 26% des Français veulent vous voir gagner. Vous arrivez largement en tête de notre sondage…

C'est fou ! Je suis à la fois très étonné et ravi. J'ai tendance à faire la sourde oreille à tout ce que j'entends de l'extérieur pour rester concentré sur mon travail, mais là… J'avoue que je suis super heureux. […]

Hoda, vous êtes la candidate féminine préférée des Français. Pensiez-vous être aussi populaire ?

Ça m'étonne beaucoup. […] Je suis plus calme que les autres, on me voit beaucoup moins. Mais me voilà rassurée. Je suis très contente.

2 [Gregory] quelles sont, selon vous, les qualités qui séduisent tant le public ?

Je suis authentique et je ne me prends pas la tête. Je ne juge pas les autres, je porte juste un regard différent sur la vie. […] Moi, je veux travailler au maximum pour tirer avantage de cette expérience unique.

[Hoda,] vous doutez de vous ?

Non, je suis simplement une fille simple et sincère. […] On m'a dit que j'inspirais à la fois la douceur et le respect.

Au Château, vous êtes plutôt la maman, la bonne copine…

C'est surtout que je ne supporte pas les tensions. Alors je préfère essayer de calmer le jeu. [...] La communication, le dialogue, c'est ce qu'il y a de plus important. [...] J'ai été très déçue par la réaction de certains. [...] Depuis, j'ai décidé de ne plus m'impliquer dans aucun conflit.

3 [Grégory,] qu'avez-vous appris sur vous-même, après deux mois et demi d'émission ?
J'ai appris à me ménager, à ne pas vouloir en faire trop. Je connais mieux mes limites, je ne fais plus d'excès inutiles. J'ai compris l'intérêt d'une petite sieste. (Rires)

[Hoda,] on vous a relookée des pieds jusqu'aux cheveux ! Ne craignez-vous pas d'être transformée en poupée Star Ac' ?
Non, car ils ont respecté mes goûts. Je me sens plus sexy, plus glamour. La demande venait de mon côté.

Qu'en pense Christophe, votre fiancé ?
Il est ravi, mes parents aussi. Eh oui... Je vais me marier à l'automne...

4 [Grégory,] que pensez-vous de Hoda ?
Je l'adore. Nous nous ressemblons beaucoup. Elle travaille énormément et ne rentre dans aucun conflit. Elle est toujours souriante, professionnelle. C'est ma préférée, mon double !

[Hoda,] que pensez-vous de Grégory ?
Un ange ! Il est à la fois [...] adorable, authentique, brillant. Ce garçon est une véritable perle.

© Faustine Bollaert / *Télé 7 jours* / SCOOP

(a) How did Grégory react to the recent poll which gave him 26% of the public vote? (**part 1**)

_____

(b) How does he prevent himself from being distracted from his work? (**part 1**)

_____

(c) Name **one** quality which Grégory thinks he has? (**part 2**)

_____

(d) How does Hoda think other people see her? (**part 2**)

_____

(e) What has Grégory learned about himself during the two and a half months in the Château? (**part 3**)

_____

(f) Where did the idea for Hoda's makeover come from? (**part 3**)

_____

(g) How has Hoda's fiancé reacted to her new look? (**part 3**)

_____

(h) Name **two** personal qualities which Grégory feels Hoda has. (**part 4**)

_____

(i) How does Hoda sum up Grégory? (**part 4**)

_____

Paper 15

Question 1

Match the following sets of signs and pictures. Indicate your answer in all cases by inserting the letters which correspond to the numbers in the boxes below.

No.	Letter
1	
2	
3	
4	
5	
6	
7	
8	
9	
10	

Read the signs / advertisements / texts which follow and answer all the questions

(i) In France you want to catch the bus to go to school. What sign would appear on the front of the bus?

- **(a)** Échange scolaire
- **(b)** Car scolaire
- **(c)** Circuit d'autobus
- **(d)** Gare routière

(ii) In which area of the supermarket would you find cold meats for your picnic?

- **(a)** Boucherie
- **(b)** Plats à emporter
- **(c)** Charcuterie
- **(d)** Laiterie

This sign tells you that the carpark

Complet

- **(a)** is newly finished.
- **(b)** is free.
- **(c)** is multi-story.
- **(d)** is full.

Where would you would find this sign?

- **(a)** in a primary school
- **(b)** in a factory
- **(c)** on a beach
- **(d)** in a university

Maître Nageur

Read this information from a tourist brochure and answer the questions.

Location de gîtes ruraux en Ardèche méridionale, à environ une heure d'Aubenas et de Vals les Bains. Nous vous proposons trois formules de week-end en Gîtes Ruraux de France, qui vous permettront de découvrir une région magnifique.

Promenades ou randonnées, pêche en rivière, dîners au coin du feu…

Calme et repos assurés dans une région aux multiples attraits : sites préhistoriques, parcs naturels, villages typiques, rivières, vues incroyables…

(a) How far from Aubenas and Vals les Bains are these holiday homes situated?

_____

(b) Name **two** activities you can enjoy during your weekend stay.

_____

(c) What is there in the area to attract those who are interested in history?

_____

Read this advertisement for the World Wildlife Fund and answer the questions.

© WWF

(a) According to this advertisement what does the WWF (World Wildlife Fund) hope to do in the Var region of France?

_____

(b) What will €10 buy?

_____

_____

(c) What has caused this problem to occur in this region?

_____

This is an extract from information given to parents of pupils in the École Jules Ferry, in the town of Perpignan. Read the information and using a tick (✓), say whether the statements are **True** or **False**.

L'école en bref

Le personnel communal assure gratuitement les garderies.

Pour les petits, à l'école maternelle :

Le matin, à partir de 7h00 et le soir, jusqu'à 18h30.

Pour les plus grands à l'école primaire :

Le matin, à partir de 7h30 et le soir, jusqu'à 18h15.

Apprentissage des langues :

L'initiation aux langues est obligatoire pour tous les enfants de CE2, CM1 et CM2. Elle est également recommandée pour les enfants de CE1. Les professeurs enseignent l'espagnol, le catalan et l'anglais.

Le transport scolaire de et jusqu'à l'école :

Il est assuré en car, par les services du Conseil Municipal de Perpignan. Les enfants sont encadrés.

Statement	True	False
(a) Smaller children can stay in school until 6.30 in the evening.	☐	☐
(b) This service is free.	☐	☐
(c) Children must start to learn a foreign language in class CE1.	☐	☐
(d) Children can learn German.	☐	☐
(e) The local council provides school transport to and from school.	☐	☐

You have French-speaking visitors and they would like to see some of Ireland's historical sites. Read the descriptions below and answer the following questions.

Ballyhack Castle
Ballyhack, Co Wexford

Tour fortifiée du 15ème siècle bâtie par les chevaliers de l'ordre des Knights Hospitallers of St John.

Donegal Castle
Donegal Town, Co Donegal

Une tour fortifiée normande rénovée datant du 15ème siècle ainsi qu'un manoir du 17ème siècle de l'époque de Jacques 1er.

Corlea Trackway Visitor Centre
Kenagh, Co Longford

Dans ce centre, découvrez une route de tourbière remontant à l'âge du fer, la plus grande de son genre découverte en Europe et qui date de 148 av-J.C.
Accès par visite guidée seulement

Ferns Castel
Ferns, Co Wexford

Château du 13ème siècle possédant une admirable chapelle circulaire, des cheminées d'origine et un sous-sol en voûtes.

Maynooth Castle
Maynooth, Co Kildare

Château du 18ème siècle qui abrite l'un des plus grands donjons de son genre sur ces îles.

Ilnacullin, Garinish Island
Glengariff, Batry, Co Cork

Un jardin sur un îlot d'une rare beauté situé dans le port protégé de Glengariff dans la baie de Bantry.

Charles Fort
Summer Cove, Kinsale, Co Cork

Exemple classique d'un fort en étoile du 17ème siècle.

© *The visitors services section Heritage services*, OPW 6 Ely place upper Dublin 2

Where would you recommend they go if they wish to

(a) visit a star-shaped fortress? _____

(b) visit a castle which has one of the largest dungeons in Ireland? _____

(c) visit a garden situated on an island? _____

(d) visit a bog road which dates back to the iron age? _____

(e) visit a building which dates back to James I? _____

Read the following news report about a couple who unexpectedly made a lucky discovery when moving house and answer the following questions.

Un trésor dans le grenier

1 Marguerite Rocher et son mari Jean avaient décidé de déménager. Après avoir passé quarante ans dans le petit village de St Paul de Vence, près de Nice, ils trouvaient leur maison beaucoup trop grande pour eux seuls. « Quand nous nous sommes mariés, nous sommes venus habiter dans cette maison avec les parents de mon mari », explique Mme Rocher. « Nous avons élevé nos quatre enfants ici, mais ils sont tous partis. Nous voulions quelque chose de plus petit et plus proche de la ville. »

2 Ils avaient de la chance. Un couple d'Anglais, les Armstrong, qui cherchaient à acheter dans le voisinage, avaient remarqué la maison sur Internet. Après quelques semaines de négociations, la maison était vendue. Les Rocher ont alors acheté un joli appartement dans la banlieue de Nice. Après avoir choisi les meubles qu'ils voulaient garder, il ne leur restait qu'à envoyer les autres au brocanteur du quartier et à vider le grenier.

3 « Je n'étais pas monté au grenier depuis des années », raconte M. Rocher. « Il y avait les vieux jouets de nos enfants, de vieux livres, des objets qui avaient appartenus à mes parents, mais rien de valeur. » Pourtant, M. Rocher se trompait. Parmi tous ces objets, se trouvait une vieille horloge. Elle ne fonctionnait plus et elle était couverte de poussière. De plus, M. Rocher la trouvait extrêmement laide. Sa mère lui avait expliqué que c'était un cadeau d'une famille russe pour laquelle elle avait travaillé avant son mariage. M. Rocher a décidé alors de descendre l'horloge dans la cuisine.

4 Un voisin, M. Pierre Bellanger, est venu dire au revoir aux Rocher. Il a remarqué l'horloge sur la table de la cuisine. Il était amateur de montres et d'horloges. Selon lui, l'horloge avait une grande valeur. Il voulait la montrer à un expert qu'il connaissait. « Nous étions très étonnés : cette vieille horloge qui était si laide ! », explique Mme Rocher.

5 Deux jours plus tard, coup de téléphone incroyable : l'horloge était en effet d'une très grande valeur. Elle avait été fabriquée par un horloger russe très célèbre. « Nous croyions que c'était une possession de la famille russe chez qui ma mère avait travaillé, dit Jean. Mon ami Pierre a envoyé l'horloge à Paris et on nous a offert 30 000 euros ! C'était comme si nous avions gagné le gros lot au Loto ! »

Depuis, tous leurs voisins ont décidé de débarrasser leurs greniers ! Qui sait ce qu'ils pourront y trouver !

(a) Give **one** reason why the Rochers decided to move house? (**part 1**)

_____

(b) What type of accommodation were they now looking for? (**part 1**)

_____

(c) How did the Armstrongs find out that the house was for sale? (**part 2**)

_____

(d) What did the Rochers do with the furniture they didn't need? (**part 2**)

_____

(e) Name **one** item stored in their attic. (**part 3**)

_____

(f) What was the clock like? (give **one** detail) (**part 3**)

_____

(g) Why did Pierre Bellanger come to their home? (**part 4**)

_____

(h) How does Jean Rocher think the clock came to be in their family? (**part 5**)

_____

(i) How do they feel now about the outcome? (**part 5**)

_____

Read this article about special value travel fares which young French people can avail of during the summer and then answer the questions which follow.

Grandes virées, petits budgets

[...] Qui veut voyager loin, prend son coussin ! [...] Quel que soit le moyen de transport, il existe des tarifs réduits pour les étudiants, les moins de 25 ans et les plus prévoyants. [...]

1 *En bus*

Armé d'un bon coussin, d'une couverture et de patience, le bus est le moyen le plus économique pour voyager. Avec le pass Eurolines, vous pouvez effectuer autant de trajets que vous voulez en Europe pendant quinze jours à deux mois. [...] Tarif pour les moins de 26 ans : 240€ pour un pass de quinze jours du 1er juin au 15 septembre.
www.eurolines.fr.
Tél. : 0.892.89.90.91 (0,34€ min).

2 *En train*
La carte 12-25

Vous bénéficiez de 50% de réduction dans tous les TGV, trains couchettes et places assises des autres trains en période bleue, ainsi que de 25% de réduc[tion] dans tous les autres cas, quels que soient le train et le moment du départ. [...] La carte 12-25 offre aussi des réductions dans l'Eurostar et chez Avis, United Airlines et Lufthansa, ainsi que 25% de réduc[tion] dans les pays européens adhérents à Railplus. Elle permet

de bénéficier de bons plans ciné, concerts et réductions sur des marques…
Tarif : 48€ par an.
Rens. : *www.cartel12-25-sncf.com.*
Tél. : 0.892.35.35.35

Offres prem's

Les tarifs Prem's de la SCNF sont valables sur 400 destinations en France, sur les TGV [...], toute la semaine sauf les vendredis après-midi et dimanches soir, lors des grands départs. [...] Par Internet, c'est encore moins cher car la réduction peut atteindre 70% du prix d'un billet plein tarif. Les billets ne sont ni échangeables ni remboursables, et le nombre de places sur chaque train est limité.
Rens. : www.voyages-sncf.com.

3 *Offres de dernière minute*

Chaque mardi matin, sur le site Internet de la SNCF, on trouve des billets à moins 50% sur une sélection de 50 destinations, pour des départs programmés dans la semaine,

© Laurence Ogiela, *Phosphore*, Bayard Jeunesse, 2004

(a) Name **one** item which you should take with you, if you are going on a bus journey. (**part 1**)

_____

(b) During what time period can you use the Eurolines pass? (**part 1**)

_____

(c) If you want to travel outside the 'blue period', what reduction can you expect to get? (**part 2**)

_____

(d) Name **two** other items on which you can get a reduction with the 'Carte 12-25'. (**part 2**)

_____

(e) When is the reduction Offres Prem's not available? (**part 2**)

_____

(f) How can you get a reduction of up to 70%? (**part 2**)

_____

(g) When can you get information about last minute offers on the train? (**part 3**)

_____

(h) Give **one** detail about the type of seat available under this scheme. (**part 3**)

_____

(i) What is the benefit of an Interrail pass? (**part 4**)

_____

(j) What type of ticket would you get for €159? (**part 4**)

_____

To Sum Up - Do's and Don'ts for your Exam

Beforehand

- **Do practise** **reading as much French as you can**. Use your exam papers, textbook, magazines and brochures.
- **Don't say** '*I can't find anything to read in French*'. **Try**:
  - **Your local library**: They may subscribe to a French newspaper/magazine.
  - **Your local tourist site**: They will have a French version of their leaflet.
  - **The internet**: You will find websites in French for lots of sportspeople/stars/actors as well as tourist offices and famous buildings.
  - **Your kitchen cupboard**: Many ingredients/instructions are now printed in several European languages.
- **Do make** **note of new words** you learn. Keep word lists (as you did for the Listening Comprehension).

On the day

- **Do read** the **questions** before you read the text itself. The questions will give you clues as to what the text is about. Is there a photo with a caption? Is there a heading or title?
- **Do underline** the **key words** in the question. They help you to focus on what you need to find.
- **Don't rush** or you **may misread a question**. In a question like 'Which of the ingredients is **not** included', many students miss the word 'not'.
- **Don't panic**, if you don't understand every word. **Concentrate on what you know**.
- **Do remember**: **Questions come in the order** in which the answers appear in the text. Longer passages are divided into **parts/sections**.
- **Do give** a **full answer**, if there are several lines printed for your answer.
- **Do notice** the **tense of the verbs**, e.g. if you are asked what someone is going to do, look for a verb in the future tense.
- **Don't leave** a **blank space**. A partial answer/good guess will gain some marks.

Before you hand up your exam

- **Do check** **through your answers** to see if you are satisfied with what you have written.
- **Do ensure** that you have given **only one answer for a multiple choice** question – if you write two options you will receive no marks, even if one of them is correct.
- **Do remember** that all your answers should be **in English**.

About the Written Expression

The written section of the exam is at the end of the paper, following the Reading Comprehension. For **Higher level**, it is worth **80 marks** or **24%** of your total exam. For **Ordinary level**, it is worth **60 marks** or **18%** of your total exam. You should spend about **40 minutes** on this section. The instructions will be in English.

What will I find in the exam?

The Letter (formal or informal) – 50 marks

- **5 marks for the layout**: you must write a short address, i.e. not your full address, for an informal letter, a more detailed address for a formal letter, a date, an opening greeting, an ending and your name.
- **20 marks for communication**: you must complete all the tasks to gain full marks.
- **25 marks for language**: your French must be accurate (correct tenses and a good range of vocabulary).
- The letter will **usually** have 5 tasks.

The postcard and the note – 30 marks

- **Higher level** students will have **no choice. Ordinary level** students will have to write a **postcard or a note**.
- **15 marks for communication**
- **15 marks for language**
- The postcard/note will usually have **3 tasks**.

Spend more time on the letter as it will earn more marks than the postcard/note.

How can I prepare for this part of the exam?

- **Go** through past exam papers and use the practice questions from this book to help you.
- **Learn** phrases and practise using them in your written work where suitable.
- **Learn** vocabulary as you will need lots of words to put your sentences together!
- **Read** letters, notes and postcards from your textbook/magazines/teacher's notes.
- **Learn** and revise the tenses – present, past and future.

During the exam

- **Know who** you are writing to (penfriend, parent, teacher, etc.).
- **Attempt each** task (at least one sentence), but aim for three sentences for each task).
- **Use phrases** and **idioms** that you have practised and used during the year.
- **Use** as much **vocabulary** as you can.
- **Remember!** When you cannot find the exact word, **think of another way of expressing yourself.**
- **Always sign** your name at the end of each written task.
- Check your **spelling**, the **grammar** and that you have used the **correct tenses.**

Informal Letters

Swords, le 10 avril

Cher Arnaud,

Higher level students have to write a letter with **five tasks**.
All five tasks must be answered.
Ordinary level students have **four tasks** from a choice
of **nine**.

The informal letter often asks you to thank your
penfriend for his/her card, letter, present or for
staying in their home. You could say something about your school, your family,
what you did at the weekend or for a birthday. You could explain your plans for
the coming weekend, invite your penfriend to come and stay, accept or refuse an
invitation.

5 marks are allocated for the layout of the letter.

Remember…

1 Never write a full address, but only the **name of the town**, e.g.
   Enniscorthy.
2 Write the date using **le + number + month** on the top right-hand side.
3 Never use a capital letter for the month, e.g. *juin, juillet, août.*
4 When writing to a boy use *Cher…* When writing to a girl use *Chère…*
5 End the letter with a **closing remark** and **sign** the name that is given
   on the paper, e.g. *Je dois te quitter/Écris-moi bientôt/Amitiés/Cordialement/
   Amicalement.*

Opening phrases

Désolé(e) de ne pas avoir écrit plus tôt.	*Sorry for not writing sooner.*
Excuse-moi de ne pas avoir écrit plus tôt.	*I am sorry for not having written sooner.*
Comment vas-tu ?	*How are you?*
Comment va toute la famille ?	*How is all the family?*
Comment va ta mère/ton père/ta sœur/ ton frère/ton ami(e)/ton cousin/ta cousine ?	*How is your mother/father/sister/ brother/friend/cousin?*
Comment vont tes parents/tes ami(e)s ?	*How are your parents/friends?*
Ta mère/Ton père va mieux après son accident de voiture ?	*Is your mother/father better after his/her car accident?*
Je vais bien.	*I am well.*
Je suis en pleine forme.	*I am in great form.*
Tout va bien/Tout se passe bien.	*Everything is going well.*
J'écris pour te souhaiter un bon anniversaire/Joyeux Noël/une bonne année/de Joyeuses Pâques.	*I am writing to wish you a happy birthday Happy Christmas/Happy New Year/Happy Easter.*

Saying thank you

Je t'écris pour te remercier de ta lettre/ ton e-mail/courriel ta carte postale/ton cadeau.	*I am writing to thank you for your lettre/email/postcard/present.*
Merci mille fois pour ta lettre/ton e-mail/courriel/ ta carte postale/ton cadeau.	*Thanks a million for your letter/email/postcard/present.*
Je te remercie de tout mon coeur pour ta lettre/ ta carte postale/ton cadeau.	*Thanks from the bottom of my heart for your letter/postcard/present.*
Merci pour mon séjour chez toi.	*Thanks for my stay in your house.*
Merci mille fois pour mon séjour agréable.	*Thanks a million for my pleasant stay.*
Remercie tes parents de ma part.	*Thank your parents for me.*

Saying something about the present/stay/holiday

J'ai reçu ton joli cadeau hier.	*I received your lovely present yesterday.*
Ton cadeau m'a beaucoup plu.	*I really liked your present.*
C'était super/formidable !	*It was great!*
J'aime beaucoup le maillot.	*I love the jersey.*
Le bleu/noir/rouge/est ma couleur préférée.	*Blue/black/red/is my favourite colour.*
J'adore le CD, c'est mon chanteur préféré/ ma chanteuse préférée.	*I love the CD, it is my favourite singer (male/female).*
Je me suis bien amusé(e).	*I really enjoyed myself.*
Le séjour m'a beaucoup plu.	*I really liked the stay.*
L'échange m'a beaucoup plu.	*I really liked the exchange.*
Ta famille m'a reçu à bras ouverts.	*Your parents welcomed me with open arms.*
Ta famille était si sympa !	*Your family was so nice!*
Mon séjour chez toi était super.	*My stay in your house was great.*
J'ai surtout aimé la nourriture.	*I especially loved the food.*
J'ai surtout aimé la belle plage.	*I especially loved the lovely beach.*
J'ai surtout aimé le beau temps.	*I especially loved the great weather.*
J'ai aimé le petit village au bord de la mer avec son joli port de pêche.	*I loved the little village by the sea with its lovely fishing port.*
Pendant mon séjour, je me suis perdu(e)/ Un jour j'ai raté le bus/je suis tombé(e) dans la cour.	*During my stay I got lost/ One day I missed the bus/I fell in the yard.*

Weather phrases

Il faisait si beau.	*It was so fine.*
Il faisait soleil tous les jours.	*It was sunny every day.*
Comme il faisait beau !	*What great weather it was!*
Le soleil brillait du matin au soir.	*It was sunny from morning to night.*
Pas un nuage dans le ciel !	*Never a cloud in the sky.*
Quel beau temps !	*What great weather!*
Heureusement, il n'a pas plu.	*Luckily it did not rain.*
Il a plu tous les jours.	*It rained everyday.*

What you did on holidays/for your birthday/last weekend

J'ai fait de la natation/de la voile/de la planche à voile/j'ai pêché.	*I swam/sailed/windsurfed/fished.*
J'ai joué au tennis/au volley/au foot/au ping-pong/aux boules.	*I played tennis/volleyball/football/table tennis/bowling.*
Je me suis fait bronzer sur la plage.	*I sunbathed on the beach.*
J'ai vu des monuments superbes/intéressants.	*I saw some great/interesting monuments.*
J'ai fait des promenades à vélo/en bateau/en voiture/en car.	*I went on bicycle trips/boat trips/car trips/coach trips.*
Je suis allé(e) en ville.	*I went into town.*
Le soir, je suis allé(e) au restaurant.	*In the evenings, I went to the restaurant.*
Je suis allé(e) en randonnée dans les montagnes.	*I went on a hike in the mountains.*
J'ai fait du vélo tout terrain.	*I went mountain biking.*
J'ai visité un petit village dans les montagnes avec des petites rues et une rivière.	*I visited a little village in the mountains with little streets and a river.*
J'ai acheté un blouson en cuir noir sur le marché.	*I bought a black leather jacket at the market.*
J'ai fêté mon anniversaire la semaine dernière.	*I celebrated my birthday last week.*
J'ai fait une fête à la maison avec tous mes amis.	*I had a party in the house with all my friends.*
Nous avons dansé après avoir mangé des pizzas.	*We danced after eating pizza.*
Le week-end dernier, je suis allé(e) au cinéma avec mes amis.	*Last weekend I went to the cinema with my friends.*
J'ai vu le dernier film de Brad Pitt.	*I saw the latest Brad Pitt film.*

School news

Je vais dans une école mixte.	*I go to a mixed school.*
Je suis dans une école de garçons/filles.	*I go to a boys'/girls' school.*
Tout se passe bien en ce moment.	*Everything is going well at the moment.*
Je passe mes examens blancs.	*I am doing my mock exams.*
Je suis en troisième.	*I am in 'troisième'.*
J'étudie beaucoup.	*I am studying a lot.*
Je passe mes examens en juin.	*I am doing my exams in June.*
Je passe/prépare mon brevet cette année.	*I am sitting/doing my Junior Cert. this year.*
J'ai une épreuve de français demain/ la semaine prochaine/jeudi.	*I am doing a French exam tomorrow/next week/Thursday.*
J'étudie huit matières pour mon brevet.	*I am studying eight subjects for my Junior Cert.*
Mon prof de maths/d'histoire/d'anglais est malade en ce moment.	*My maths/history/English teacher is sick at the moment.*
Il y a un nouvel étudiant/une nouvelle étudiante dans notre classe.	*There is a new student in our class.*
Il/Elle est sympa/timide/gentil(le)/cool.	*He/She is nice/shy/kind/cool.*
L'école française est si grande/si moderne/mixte.	*The French school is so big/so modern/is mixed.*
Les élèves ne portent pas d'uniforme.	*Students don't wear a uniform.*

Family news

Mon frère/Ma soeur a fêté son anniversaire le week-end dernier.	*My brother/sister celebrated his/her birthday last weekend.*
Nous sommes allés au restaurant le soir.	*We went to a restaurant in the evening.*
Mon père/Ma mère va mieux.	*My father/mother is better.*
Il/Elle a eu un accident (de voiture).	*He/She had an accident (a car accident).*
Il/Elle est tombé(e) dans le jardin.	*He/She fell in the garden.*
Mon grand-père/Ma grand-mère est à l'hôpital.	*My grandfather/grandmother is in hospital.*
Il/Elle a de la fièvre/une infection.	*He/She has a temperature/an infection.*
Mon frère est parti en Australie.	*My brother went to Australia.*
Je rends visite à mes grands-parents ce week-end.	*I am visiting my grandparents this weekend.*
Mon père a un nouvel emploi.	*My father has a new job.*
Ma mère a trouvé un nouvel emploi.	*My mother has found a new job.*
Nous avons une nouvelle voiture.	*We have a new car.*
Elle est bleue/verte.	*It is blue/green.*

Invitation to your penfriend

Je t'invite à passer une semaine/ deux semaines/un mois chez nous.	*I am inviting you to spend a week/two weeks/a month in our house.*
Ça te dit de venir en Irlande cet été ?	*How about coming to Ireland this summer?*
Voudrais-tu venir nous rendre visite ?	*Would you like to come and visit us?*
Aimerais-tu passer un séjour chez nous ?	*Would you like to come to stay in our house?*
Tu voudrais passer une semaine/deux semaines/ un mois chez nous ?	*Would you like to spend one week/ two weeks/a month in our house?*
Nous pourrions aller en ville/à Dublin/ à la plage/au bord de la mer/à la campagne/ à un concert de musique.	*We could go to town/to Dublin/ to the beach/to the seaside/to the country/to a music concert.*
Nous pourrions jouer au tennis/au hurling/ au football gaélique/au camogie.	*We could play tennis/hurling gaelic/camogie.*
Tu pourrais prendre l'avion/le ferry.	*You could take the plane/the ferry.*
Tu pourrais arriver à l'aéroport de Dublin/ Cork.	*You could arrive in Dublin/Cork Airport.*
Nous pourrions te retrouver à l'aéroport.	*We could meet you at the airport.*

Accepting/Refusing an invitation

J'accepte ta gentille invitation.	*I accept your kind invitation.*
Je serais ravi(e) d'accepter ton invitation.	*I would be delighted to accept your invitation.*
Ça me ferait de plaisir de venir en France.	*I would be pleased to come to France.*
J'espère venir le vingt juillet.	*I hope to come on 20 July.*
Je compte arriver le trente juin.	*I should arrive on 30 June.*
Je prendrai l'avion de… à …	*I will get the plane from … to …*
Je voudrais visiter le stade municipal/ le centre sportif/la plage/la ville/ le marché/ton école.	*I would like to visit the local stadium/ the sports centre/the beach/the town/ the market/your school.*
Malheureusement, je ne peux pas venir.	*Unfortunately, I can't come.*
Malheureusement, je ne peux pas accepter ton invitation.	*Unfortunately, I can't accept your invitation.*
J'ai trouvé un petit boulot pour l'été.	*I have found a summer job.*
Mon père/Ma mère est malade en ce moment.	*My father/mother is sick at the moment.*
Je n'ai pas assez d'argent.	*I don't have enough money.*
Puis-je venir à Noël ? À Pâques ?	*Can I come at Christmas? At Easter?*

Le/Mon voyage de retour était agréable/désagréable/affreux.	*The/My journey home was pleasant/unpleasant/awful.*
Le vol avait du retard.	*The flight was delayed.*
Il y avait des retards à l'aéroport.	*There were delays at the airport.*
Il y avait une grève.	*There was a strike.*
J'ai rencontré un beau garçon dans l'avion.	*I met a handsome boy on the plane.*
J'ai rencontré une belle fille dans l'avion.	*I met a beautiful girl on the plane.*
Nous avons parlé/bavardé pendant tout le vol.	*We talked/chatted all during the flight.*
Je suis bien arrivé(e)/Je suis arrivé(e) sain(e) et sauf/ve.	*I arrived safe and sound.*
Je suis enfin arrivé(e) à dix heures.	*I finally arrived at 10 o'clock.*
Heureusement, il n'y avait aucun problème.	*Luckily there weren't any problems.*
Le voyage s'est bien passé.	*The journey went well.*
Je suis arrivé(e) à l'heure.	*I arrived on time.*
À mon arrivée, j'étais très fatigué(e).	*When I arrived, I was really tired.*

Future plans

Je pars en voyage scolaire en octobre/en février/à Pâques.	*I am going on a school trip in October/in February/at Easter.*
Je pars avec ma classe.	*I am going with my class.*
À Paris, nous logerons à l'hôtel.	*In Paris we will stay in a hotel.*
Nous visiterons tous les monuments de Paris.	*We will visit all the monuments in Paris.*
Nous allons voir la Tour Eiffel/l'Arc de Triomphe/les Champs-Élysées/Notre Dame/le Centre Pompidou…	*We are going to see the Eiffel Tower/the Arc de Triomphe/the Champs Élysées/the Pompidou centre…*
Cet été, je vais rendre visite à/je vais chez mes grands-parents à la campagne.	*This summer I am going to visit my grandparents in the county.*
Cet été, je travaillerai au supermarché du coin.	*This summer I will be working in the local supermarket.*
J'espère aller en Espagne avec mes cousins en juillet.	*I hope to go to Spain with my cousins in July.*

Asking questions

Tu vas encore à la campagne cet été ?	*Are you going to the country again this summer?*
Où vas-tu en vacances en août ?	*Where are you going on holidays in August?*
Tu as des projets pour les vacances ?	*Have you any plans for the holidays?*
Quels sont tes projets pour les grandes vacances ?	*What are your plans for the summer holidays?*
Est-ce que tu pars à l'étranger ?	*Are you going abroad?*
Quand est-ce que tu pars en vacances ?	*When do you go on holidays?*
Est-ce que tu pars avec ta famille/tes amis ?	*Are you going with your family/friends?*
Qu'est-ce que tu as prévu pour tes vacances ?	*What have you planned for your holidays?*

Finishing the letter

Dis bonjour de ma part à tes parents/ à tes amis, surtout à Sophie/Kévin.	*Give my regards to your parents/your friends, especially to Sophie/Kevin.*
Je dois te quitter, j'ai des devoirs à faire.	*I must go now, I have homework to do.*
Je dois maintenant te laisser.	*I have to leave you now.*
C'est tout pour le moment.	*That's all for now.*
N'oublie pas de m'écrire bientôt.	*Don't forget to write soon.*
J'ai hâte d'avoir de tes nouvelles.	*I am dying to hear your news.*
Écris-moi pour me donner toutes les nouvelles.	*Write to me with all the news.*
J'espère te lire bientôt.	*I hope to hear from you soon.*
Écris-moi bientôt.	*Write soon.*
Amitiés/Amicalement.	*Your friend.*
Grosses bises/Bisous.	*Kisses.*
Meilleures pensées/Meilleurs vœux.	*Best wishes.*
Amitiés/Cordialement,	*Regards,*

Formal Letters

The formal letter deals with applying for a summer job, booking hotel rooms, campsite, asking a Tourist Office for information, applying for a job. It is unlikely that a formal letter would appear on the Ordinary level paper.
The layout of the formal letter is very important.

Aoife Moore
10, the Park,
Bunclody,
Co. Wexford,
IRLANDE

Madame Dupont
Hôtel Matignon,
35150 RENNES,
FRANCE

Bunclody, le 5 mars,

Madame, Monsieur,

Remember...

1 You must write **two** addresses:
   (a) Your address goes on the **left-hand side** of the page.
   (b) The address of the person to whom you are writing goes on the **top right-hand side**.
2 The **place** and **date** are also written on the **right-hand side**.
3 Begin the letter with *Madame/Monsieur*. Never use *Cher/Chère* in a formal letter.
4 The ending must be learnt off by heart and used to obtain maximum marks:
   Veuillez agréer, Madame/Monsieur, l'expression de mes sentiments respectueux.
5 Sign your name at the end of the letter.

Applying for a summer job

Je m'appelle…	*My name is …*
J'ai… ans.	*I am … years of age.*
Ayant lu votre annonce dans le journal/sur Internet.	*Having read your ad in the paper/on the internet.*
Je voudrais poser ma candidature pour le poste de serveur/serveuse/vendeur/vendeuse/au pair.	*I would like to apply for the position of waiter/waitress/salesperson/au pair.*
Je parle bien français.	*I speak French well.*
Je parle couramment anglais.	*I speak fluent English.*
J'ai déjà travaillé comme serveur/serveuse/ vendeur/vendeuse.	*I have already worked as a waiter/waitress/salesperson.*
L'année dernière, j'ai travaillé dans un restaurant/ un supermarché.	*Last year I worked in a restaurant/a supermarket.*
Je serai disponible du… au…	*I will be available from the … to the …*

Booking hotel rooms/campsite/youth hostel

Je vous écris de la part de ma famille/de mes parents.	*I am writing on behalf of my family/parents.*
Nous allons en France cet été.	*We are going to France this summer.*
Ma famille/Mes amis et moi avons l'intention de…	*My family/friends and I intend to …*
Je voudrais réserver une/deux chambre(s).	*I would like to book one/two room(s).*
Nous avons l'intention de passer un week-end/ quatre jours/une semaine dans votre hôtel.	*We intend to spend a weekend/four days/a week in your hotel.*
Nous voudrions une chambre double/à deux lits avec salle de bains.	*We would like a double room/twin room with bathroom.*
Nous aimerions séjourner en pension complète/ demi-pension.	*We will take full board/half board.*
Nous voudrions réserver un emplacement.	*We would like to book a site.*
Nous voudrions un emplacement avec gaz/ électricité.	*We would like a site with gas/electricity.*
Nous avons une tente/caravane/voiture.	*We have a tent/caravan/car.*
Je voudrais réserver deux lits dans votre auberge de jeunesse.	*I would like to book two beds in your youth hostel.*
Pourriez-vous m'indiquer le prix de mon séjour ?	*Could you let me know the cost of my stay?*
Y a-t-il une piscine à l'hôtel/au camping ?	*Is there a pool in the hotel/campsite?*
Y a-t-il des sites touristiques dans les environs ?	*Are there tourist attractions nearby?*
Pourriez-vous m'envoyer des brochures sur la région ?	*Could you send me brochures about the area?*

Tourist office

Je vous écris pour vous demander des renseignements.	*I am writing to ask you for information.*
Je prépare un dossier sur la France pour mon cours de français.	*I am doing a project on France for my French class.*
Je prépare un dossier au sujet de votre ville/ votre région pour l'école.	*I am preparing a project on your town/your area at school.*
Je vous serais reconnaissant(e) de bien vouloir…	*I would be very grateful if you could …*
Pourriez-vous m'envoyer des renseignements par e-mail/courriel ?	*Could you send me some information by email?*
Pourriez-vous m'envoyer des dépliants/ des brochures/un plan de la ville/ de la région par courrier ?	*Could you send me some leaflets/ brochures/a map of the town/ region by post?*
Quels sont les sites touristiques de la région ?	*What are the tourist attractions in the area?*

Postcards

A feature of the examination paper is to write a postcard or note. **Higher level** students have no choice : they will have to do a postcard or note depending on what the exam paper offers. The postcard has **three tasks** and is worth **30 marks. Ordinary level** students can choose between a postcard and a note.

Usually you write about who you are with, where you are staying, the weather, what you are doing, something you did, what you are going to do the following day, if you are enjoying yourself, what you eat, asking for news.

Remember…

1   You can write the **name of the town/village** where you are staying on holiday on the **top right-hand side**.
2   Write the **date** beside the name of the town.
3   Make sure you answer all **three** tasks in order to gain maximum marks.
4   Have an **ending and sign** your name. This will earn marks.
5   Learn a range of **phrases** to use for writing a postcard. This is not a long list, as the tasks are fairly predictable.

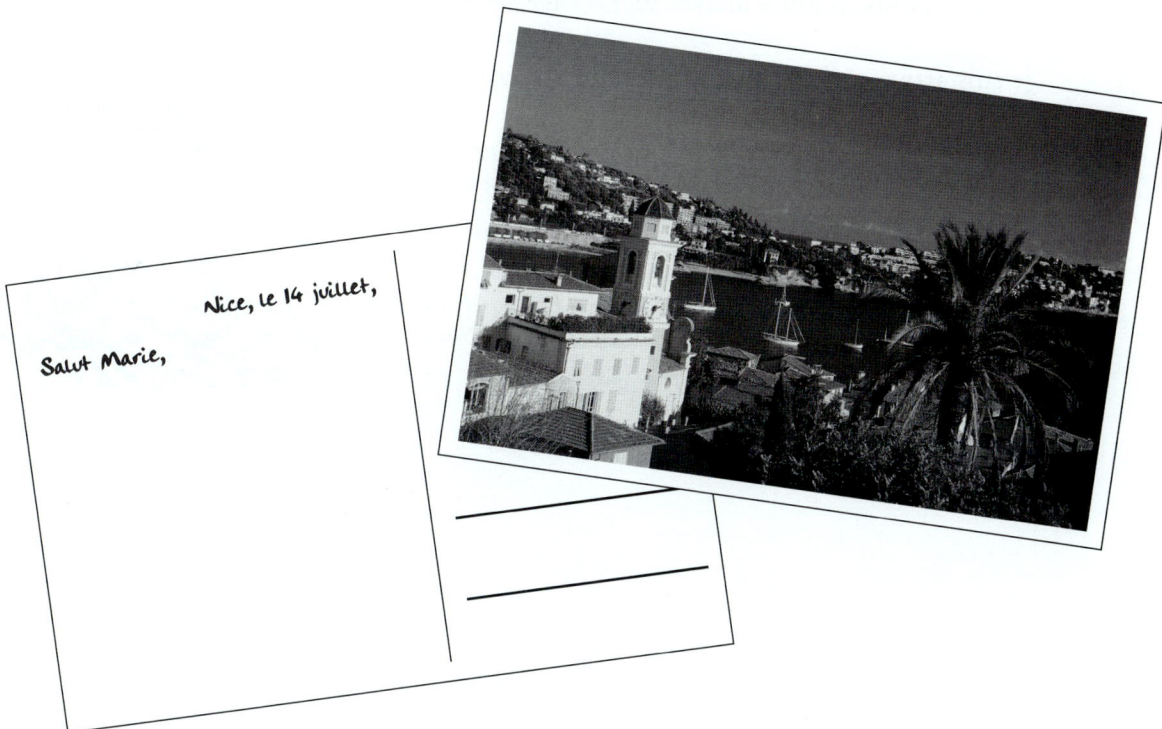

Nice, le 14 juillet,

Salut Marie,

Opening phrases

Salut Julia/Marc,	*Hi Julia/Marc,*
Salut à tous !	*Hi all!*
Cher Nicolas/Chère Marine,	*Dear Nicolas/Dear Marine,*
Bonjour de La Rochelle !	*Greetings from La Rochelle!*
Me voici à Nice.	*Here I am in Nice.*
Me voici en France/Suisse.	*Here I am in France/Switzerland.*
Nous voici à/en…	*Here we are in …*
Un grand bonjour de…	*A big hello from …*

Who you are with/Where you are staying/When you arrived

Me voici avec ma famille.	*Here I am with my family.*
Je suis ici avec mes parents et ma sœur.	*I am here with my parents and my sister.*
Je suis ici avec ma famille et mon ami(e).	*I am here with my family and my friend.*
Nous sommes au terrain de camping.	*We are in a campsite.*
Nous séjournons à l'hôtel.	*We are staying in a hotel.*
Nous avons loué un appartement.	*We have rented an apartment.*
Nous sommes au bord de la mer.	*We are by the sea.*
Nous sommes dans les montagnes.	*We are in the mountains.*
Il y a tant de choses à faire et à voir ici.	*There is lots to do and see here.*
On s'amuse bien./Nous nous amusons bien.	*We are enjoying ourselves.*
Nous sommes arrivés hier.	*We arrived yesterday.*
Je suis arrivé(e) il y a une semaine.	*I arrived a week ago.*
Je suis arrivé(e) il y a trois jours.	*I arrived three days ago.*
Je reste une semaine.	*I am staying for a week.*
Je pars dans deux semaines.	*I am leaving in two weeks.*

Weather

Il fait un temps super.	*The weather is great.*
Comme il fait beau ici !	*How nice the weather is here!*
Comme il fait chaud !	*How warm it is!*
Il fait soleil tous les jours.	*It is sunny everyday.*
Le soleil brille du matin au soir.	*The sun is shining from morning to night.*
Il fait 30 degrés.	*It is 30 degrees.*
J'adore le beau temps ici.	*I love the good weather here.*
Pas un nuage dans le ciel.	*Not a cloud in the sky.*
Le soleil tape fort !	*The sun is melting the stones!*
Rien que du soleil.	*Nothing but sunshine.*
Il fait assez froid/mauvais.	*It is quite cold/bad.*
Il fait un peu froid.	*It is a bit cold.*
Il ne fait pas beau.	*The weather is not good.*
Il pleut/pleuvait.	*It is raining/was raining.*

Activities

Je me fais bronzer à la plage/piscine.	*I am getting a tan on the beach/at the pool.*
Je prends un bain de soleil à la plage/piscine.	*I am sunbathing on the beach/at the pool.*
Je vais à la plage/à la piscine tous les jours.	*I go to the beach/swimming pool every day.*
Je passe des heures entières à la plage.	*I spend hours on the beach.*
Je joue au foot/au volley/au tennis/ au basket sur le terrain/au camping/sur la plage.	*I play football/volleyball/tennis/ basketball on the pitch/campsite/beach.*
Je fais de la planche à voile/de la natation/ de la voile/du bateau/du ski nautique.	*I go windsurfing/swimming/ sailing/boating/water-skiing.*
Demain, je jouerai au foot/au volley/ au tennis/au basket sur le terrain du camping/sur la plage.	*Tomorrow I will play football/volleyball/ tennis/basketball on the campsite pitch/on the beach.*
Demain, je ferai de la planche à voile/ de la natation/de la voile/du bateau/du ski nautique.	*Tomorrow I will go windsurfing/ swimming/sailing/boating/water-skiing.*
Demain, j'irai au marché acheter des cadeaux.	*Tomorrow I will go to the market to buy some presents.*
Demain, nous irons en ville.	*Tomorrow we are going to town.*
Hier, nous sommes allés au musée.	*Yesterday we went to the museum.*

What you did

Hier, je t'ai acheté un cadeau.	*Yesterday I bought you a present.*
Je suis allé(e) en ville/à la plage.	*I went to town/to the beach.*
Je suis sorti(e) avec mes amis hier soir.	*I went out with my friends last night.*
J'ai envoyé un SMS/texto à Karim.	*I sent a text to Karim.*
J'ai envoyé un e-mail/courriel à Adrienne.	*I sent an email to Adrienne.*
J'ai joué au foot/au volley/au tennis/ au basket au camping/sur la plage.	*I played football/volleyball/tennis/ basketball on the campsite/on the beach.*
J'ai fait de la planche à voile/de la natation/ de la voile/du bateau/du ski nautique.	*I went windsurfing/swimming/sailing/ boating/water-skiing.*
Hier, nous avons dîné dans un bon restaurant au port.	*Yesterday we had dinner in a nice restaurant on the harbour.*
Hier, nous avons pique-niqué à la plage.	*Yesterday we had a picnic on the beach.*
J'ai passé trois heures à la plage hier.	*I spent three hours on the beach yesterday.*
J'ai fait du ski hier.	*I went skiing yesterday.*
Je suis tombé(e) dans la neige.	*I fell in the snow.*
La piste était glissante.	*The ski slope was slippy.*
Il y avait beaucoup de monde.	*There were lots of people.*

Food/Eating

J'adore la cuisine française.	*I love French food.*
J'aime surtout les salades ici.	*I especially like the salads here.*
Je mange dans les restaurants du quartier.	*I am eating in local restaurants.*
La cuisine ici donne l'eau à la bouche.	*The food here would make your mouth water.*
Nous mangeons bien ici.	*We are eating well here.*
Il y a des plats à emporter au camping.	*There is a take-away on the campsite.*
On peut acheter des plats à emporter.	*You can buy take away meals.*
J'adore le poulet/le steak frites/le fromage/ les gâteaux/les glaces/les crêpes.	*I love the chicken/the steak and chips/ the cheese/the cakes/the ice-creams/pancakes.*
La nourriture française est très différente.	*French food is very different.*
La nourriture française est très bonne.	*French food is very good.*
Nous faisons des barbecues/des grillades.	*We have barbecues.*
Nous aidons à faire la cuisine.	*We help with the cooking.*
J'aime la nourriture, surtout les glaces/salades.	*I love the food, especially ice-creams/salads.*

Food/Eating

La nourriture ici me plaît beaucoup.	*I really like the food here.*
Je vais/Nous allons au marché acheter des fruits frais/des légumes frais tous les jours.	*I go/We go to the market to buy fresh fruit/fresh vegetables every day.*

Asking for news

Comment va toute la famille ?	*How is all the family?*
Comment vas-tu ?	*How are you?*
Donne-moi de tes nouvelles.	*Tell me all your news.*
Envoie-moi un SMS/message/texto.	*Send me a text.*
Fais-moi savoir comment tu vas.	*Let me know how you are.*
Raconte-moi comment va toute la bande.	*Tell me how all the gang is.*
Est-ce que tu vas bien ?	*How are you?/Are you well?*
J'espère que tu vas bien.	*I hope you are well.*
J'espère que tes parents vont bien.	*I hope your parents are well.*
Est-ce que tu passes de bonnes vacances ?	*Are you enjoying your holidays?*

Ending the postcard

Je serai de retour lundi prochain.	*I will be home next Monday.*
Je te verrai ce week-end.	*I will see you this weekend.*
Je suis impatient(e) de te revoir/J'ai hâte de te revoir/Il me tarde de te revoir.	*I can't wait to see you again.*
Il me tarde d'avoir de tes nouvelles.	*I can't wait to hear your news.*
Je rentre le week-end prochain.	*I am coming home next weekend.*
À bientôt.	*See you soon.*
Amitiés/Amicalement.	*Your friend.*
À vendredi/À dimanche.	*Until Friday/Sunday.*
Grosses bises/Bisous.	*Kisses*

Notes/Messages/Emails

15h30
Juste un petit mot pour te dire que...

If there is no postcard, the **Higher level** students will have to write a note/message; in other words **it will be either a note or a postcard as there is no choice on the Higher level paper**. The Ordinary level **paper will have a note and a postcard; the student may choose** one from the two choices given.

Remember...

1 **Write the time** that you are writing the note on the top right-hand corner of the page, e.g. *15h30*.
2 **Do not write any address.**
3 Usually the note is for your exchange partner/penfriend, so use *tu* (you)/*ton/ta/tes* (your, yours), e.g. *ta soeur/ton frère/tes amis*.
4 If you are writing to an adult, use *Monsieur/Madame* and *vous, votre, vos*.
5 You are asked to do **three tasks**. Don't leave anything out.

Phrases for informal notes/messages/emails/faxes

Opening phrases

Juste un petit mot pour te dire que…	*Just a note to tell you that …*
Je laisse ce petit mot pour te dire que…	*I am leaving this note to tell you that …*
Je vous laisse ce petit mot pour vous dire que… (group of friends)	*I am leaving this note for you to tell you that …*
Je t'envoie cet e-mail/ce courriel pour te dire que…	*I am sending this email to tell you that …*
Je t'envoie cette télécopie/ce fax pour te dire que…	*I am sending this fax to tell you that …*
Je suis allé(e) en ville/à la plage/au marché.	*I have gone to town/to the beach/to the market.*
Je suis sorti(e) tôt pour aller en ville.	*I went out early to go to town.*
J'ai attendu devant le café/le cinéma trente minutes/une demie heure et je suis vraiment déçu(e).	*I waited in front of the café/cinema for 30 minutes/half an hour and I am really disappointed.*
Je suis passé(e) chez toi mais tu n'étais pas là.	*I called to your house but you were not in.*
J'ai sonné mais il n'y avait personne.	*I rang but there was nobody there.*
Il n'y avait pas de réponse.	*There was no reply.*

What you are doing

Je vais faire les magasins avec mes amis.	*I am going shopping with my friends.*
Je vais au café cet après-midi/ce soir.	*I am going out to the café this afternoon/this evening.*
Je vais à la piscine avec la bande.	*I am going to the pool with the gang.*
Je vais voir un film plus tard.	*I am going to see a film later.*

Saying you will call later

Je te téléphonerai plus tard.	*I will phone you later.*
Je rappellerai ce soir.	*I will ring back this evening.*
Je passerai chez toi cet après-midi/demain/plus tard.	*I will call by your house this afternoon/tomorrow/later.*

Inviting someone to come along

Ça te dit de venir avec moi/avec nous ?	*How about coming along with me/us?*
Ça te dit de nous accompagner ?	*How about coming with us?*
Ça te dirait de venir avec moi/nous ?	*Would you like to come along with me/us?*
Tu voudrais rencontrer mes amis en ville ?	*Would you like to meet my friends in town?*
Tu voudrais qu'on se retrouve en ville demain après-midi au café ?	*Would you like to meet up in town tomorrow afternoon in the café?*

Saying when you will be back

Je serai de retour à une heure.	*I will be back at one o'clock.*
Je serai de retour dans une heure.	*I will be back in an hour.*
Je serai de retour avant le déjeuner/le dîner.	*I will be back before lunch/dinner.*
Je serai de retour après le déjeuner/le dîner.	*I will be back after lunch/dinner.*
Je rentrerai vers midi.	*I will be back around midday.*
Je ne vais pas tarder.	*I won't be long.*

Endings

À tout à l'heure.	*See you later.*
À plus tard.	*See you later.*
À bientôt.	*See you soon.*
À ce soir/À demain.	*See you this evening/tomorrow.*
À samedi/À six heures.	*See you Saturday/at six o'clock.*

Phrases for formal notes/messages/emails/faxes

Opening phrases

Je vous laisse ce petit mot pour vous dire que Mathieu m'a téléphoné/m'a invité.	*I am leaving you this note to tell you that Mathieu phoned/invited me.*
Juste un petit mot pour vous faire savoir que je suis sorti(e).	*Just a note to let you know that I have gone out.*
Juste un petit mot pour vous informer que je suis allé(e) en ville en bus.	*Just a note to inform you that I have gone to town on the bus.*
Je vous écris ce petit mot pour vous dire que je suis vraiment désolé(e).	*I am writing this note to tell you that I am really sorry.*
Je vous écris pour vous présenter mes excuses parce que je n'ai pas fait mes devoirs.	*I am writing to you to apologise because I have not done my homework.*
Je suis rentré(e) tard après un match de basket/foot/tennis.	*I arrived home late after a basketball/football/tennis match.*
Je ferai mes devoirs ce soir.	*I will do my homework this evening.*
Je vous envoie cet e-mail/ce courriel pour vous informer que j'arriverai lundi à dix heures.	*I am sending you this email to inform you that I will arrive at 10 o'clock on Monday.*
J'envoie cette télécopie pour confirmer la réservation.	*I am sending this fax to confirm the booking.*

Ending the formal note/message/email/fax

Je serai de retour avant le déjeuner/le dîner.	*I will be back before lunch/dinner.*
Je serai de retour après le déjeuner/le dîner.	*I will be back after lunch/dinner.*
Je rentrerai vers midi.	*I will be back around midday.*
Je ne vais pas tarder, je vous assure.	*I won't delay, I assure you.*
Je vous promets de rentrer pour le dîner comme prévu.	*I promise I will return for dinner as agreed/as planned.*
Je vous contacterai la semaine prochaine.	*I will contact you next week.*
Cordialement,	*Regards,*
J'attends votre réponse.	*I await your reply.*
En attendant votre réponse.	*Awaiting your reply.*
Je vous prie d'accepter mes excuses.	*Please accept my apologies.*
Je vous prie d'accepter mes sentiments respectueux.	*Yours faithfully.*

Written Expression - Practice Questions

Informal letter

Question 1

Your French penpal has written to you and sent you a CD for your birthday. Write a letter back to him/her in which you

- thank him/her for the letter and the CD
- say something that you did for your birthday
- tell him/her some news about your family
- tell him/her that you are going on a school trip in October
- give your regards to his/her parents

Question 2

You have just returned home from a holiday with your French penfriend. Write a letter to him/her and include the following

- thank him/her for your stay in France
- say something about the trip home
- say that you are finding one subject difficult at school at the moment
- invite him/her to Ireland in the summer
- say some things you will do when he/she comes over

Question 3

You have a French penpal who lives in your twin town in Brittany. Write a letter to him/her in which you

- tell him/her how you are getting on in school
- tell him/her that your family has a new pet
- say that you will be staying by the sea for two weeks in the summer
- ask him/her what they will be doing for the summer holidays
- ask him/her to write back soon with their news

Question 4

It is the month of August and you have just returned from a holiday with your family in the south of France. Write a letter to your French friend Céline in which you

— tell her that you liked the holiday, especially the weather
— say what you did every day
— say that you cannot go to stay with her as you are returning to school in September
— say that you will be going on a skiing holiday at Christmas
— ask about her family

Question 5

You are with your class on an exchange in France. You are staying with a French family and going to school with your French exchange partner. Write a letter to your penpal who lives in another part of France. In your letter

— say something about the journey to France
— say that you are staying with a French family and what they are like
— say something about the French school
— say that you will visit Paris next week
— tell about a funny or frightening incident that happened since you arrived

Formal letter

Question 6

Your name is Séan/Shauna O'Leary and your address is 12, Downside, Enniscorthy, Co. Wexford, Ireland. Your teacher has given you the name of the French family with whom you are going to stay on a school exchange. Write a formal letter to the family M. et Mme Réaubourg, 125, Rue Pottier, Cleunay, 35000 Rennes, France. In the letter

— say that your teacher gave you their name
— say that you will be staying with them in July
— tell them about yourself
— ask for some information about the area
— say you are looking forward to your visit

Question 7

You are doing a project on Paris and you are looking for information. Your name is Aidan/Aoife Moore and your address is Southfields, Church Street, Navan, Co. Meath, Ireland. Write a formal letter to Office du Tourisme, 50 Champs Elysées, 75341 Paris, France. In your letter

- explain that you are doing a project on Paris in school
- say what year you are in at school
- ask for some brochures about Paris
- ask for some information about the monuments in Paris

Question 8

You are going on holiday in France with your family. Your name is Robert/Ruth Armstrong and your address is 10, Beechdale, Kilcoole, Co. Wicklow, Ireland. You want to book two rooms in a French hotel in La Rochelle. Write a formal letter to the Hôtel Beauvais, 23, Rue Gay Lussac, 17000 La Rochelle, France. In your letter

- say that you want to book two rooms for one week in July, giving the dates
- say that you are booking for two adults, as well as yourself and your sister who is 10 years of age
- say that you want rooms with a shower
- ask if breakfast is included in the price

Question 9

You are going to France with your family this summer. Your name is Jack/Joanne Ronayne and your address is 76, The Downs, Carlow, Ireland. Write to the campsite La Sirène, 66000 Perpignan, France. In your letter

- give details about your family
- say you want to book a site for two weeks in August giving the dates
- say you will have a car and a caravan
- ask what facilities there are for young people on the site
- ask for details of the cost of your stay

Your family intends to spend a week in Nice. They ask you to write to the hotel to make the booking. Your name is Orla Darcy and your address is 8, Dublin Road, Leixlip, Co. Kildare, Ireland. You write a formal letter to the hotel in Nice called Hotel Campanile, Rue des Anglais, 06000 Nice, France. In your letter you say that

- your family intends to spend ten days in Nice, giving the dates
- you want a family room with bathroom
- say you will want breakfast
- ask for a brochure about the area and the cost of the stay

Postcards

Question 11

You are on holidays with your family in Fréjus. Write a postcard to your French penpal, Romain. In your card, say that

- you are in a campsite with your family for two weeks
- you went to a market yesterday in the village
- you will return home on Sunday afternoon

Question 12

You are on holiday in Galway with your cousins. Write a postcard to your French penfriend

- saying that you are enjoying yourself in the country
- saying that you bought a present for your friend Niamh
- sending your regards to his/her parents

Question 13

You are spending the day at the seaside with your friends. You write a postcard to your French penpal and you tell him/her that

- you are spending the day at the beach
- you went to a nice restaurant for lunch
- ask him/her to write soon with news of his/her family

You are on a school tour in Kerry with your class. Write a postcard to your French penpal. In your card tell him/her

- when you arrived and who is with you
- the hotel is nice
- you will be going to Tralee tomorrow to do some shopping

Question 15

You are on holiday in Skerries with your family. Write a postcard to your French friend and include the following

- you are enjoying yourself and the weather is good
- you are on the beach playing volleyball
- ask your friend to write soon with news of his/her friends

Notes/Messages/Emails

Question 16

Your French friend is staying with you in Ireland. One evening he/she has stayed out late and you are going to bed. Write a note saying

- that you are tired and going to bed
- that you are going to town with your friends tomorrow at 11 o'clock
- that he/she is welcome to come along

Question 17

You are staying with Aurélie and her family on an exchange in Rennes. One day you decide to go out while she is at school. Leave a note for Aurélie and in your note tell her that

- you have gone out to buy some presents for your family
- you will get the bus back to the house
- you will be back before dinner

You come to French class without your homework. You decide to write a note in French to your teacher to explain

- that you have no homework in class
- that you went to visit your grandmother in hospital
- you will do the homework this evening

A French boy is staying in your house as part of a school exchange. One Saturday morning you have to go out early before he gets up. Leave a note for him. In your note say that

- you have gone to the library
- you will be back around twelve o'clock
- you are going to the swimming pool in the afternoon and ask him if he wants to come along

You are staying with the Sibille family. A French friend has invited you out. Leave a note for Mme Sibille in which you explain that

- Alain telephoned and invited you to the café with his friends
- you have gone there by bus
- you will be back before 10 o'clock this evening

To sum up - Do's for your Exam

Beforehand

- **Do look** over your verbs in the present tense, the past tense and the future tense.
- **Do look** over your written work that has been corrected and learn some useful phrases.

On the day

- **Do leave** the Written Section until after the Reading Section (you may be able to use some vocabulary/phrases from the articles).
- **Do attempt** everything that is asked on the Higher level paper with regard to the letter, even if you do not know all the vocabulary/phrases.
- **Do choose** the five topics that you are best able to write about in the letter on the Ordinary level paper. You will have eight to choose from.

About the Grammar Summary Section

Although there is no actual Grammar Section on the Junior Certificate Examination, you need to know some grammar rules to make sure your **writing** is correct. This section revises the main grammar points necessary for your examination. Your own textbook will have further explanations and examples of all the points contained in summary form here. Always check your textbook, or ask your teacher, if you want further information on any point.

Remember, **grammar rules are there to help you**!
They point out **common patterns** which are recognisable when dealing with words or sentences.

So, let these rules work to help you write better French!

Contents

1 Les Articles (Articles)   p.196

2 Les Adjectifs (Adjectives)   p.199

3 Les Adverbes (Adverbs)   p.204

4 Les Noms (Nouns)   p.206

5 Les Verbes (Verbs)   p.207

6 Les Phrases Négatives (Negative Sentences)   p.218

7 Les Prépositions (Prepositions)   p.219

8 Les Pronoms (Pronouns)   p.222

9 Poser des Questions (Asking Questions)   p.228

GRAMMAR

Articles
Adjectifs
Adverbes
Noms
Verbes
Négatives
Prépositions
Pronoms
Questions

1 Les Articles (Articles)

An article is generally placed **in front of a noun**. As in English, there are three types of articles:

● the **definite article** (**the**)
● the **indefinite article** (**a/an**)
● the **partitive article** (**some/any**)

1.1 L'Article Défini (Definite Article)

There are four forms of this article.
They are '**le**, **la**, **l'** or **les**'. They all mean '**the**'.

Which form will I use?
You must look at the noun which follows the article to determine which form you use.

masculine singular noun	feminine singular noun	masculine/feminine singular noun, beginning with a vowel/h*	all plural nouns
le	la	l'	les

Examples: le garçon, la fille, l'élève, l'herbe, les parents
** Don't forget that a lot of nouns which start with '**h**' in French are treated as a vowel.*

Exercise 1

Choose the <u>correct form of the definite article</u> '**le**, **la**, **l'** or **les**' in these sentences. Remember they all translate as '**the**'.

1 _____ ville de Cork est grande.
2 _____ école s'appelle St. Mary's.
3 _____ camping est super !
4 _____ voisins sont sympas.
5 _____ soleil est chaud.
6 _____ examens sont difficiles.
7 _____ journée est longue.
8 _____ hôtel était énorme.
9 _____ gare est près de chez moi.
10 _____ professeurs sont justes.

Adjectifs
Adverbes
Noms
Verbes
Négatives
Prépositions
Pronoms
Qu

1.2 L'Article Indéfini (Indefinite Article)

There are three forms of this article.

They are 'un, une or des': 'un/une' mean 'a or an', 'des' means 'some' 'some of'.

Which form will I use?

You must look at the noun which follows the article to determine which form of the indefinite article you use.

masculine singular noun	feminine singular noun	all plural nouns
un	une	des

Examples: un vélo, une voiture, des trains

Exercise 2

Choose the <u>correct form of the indefinite article</u> 'un, une or des' in these sentences.

1 J'habite dans _____ petite ville.

2 J'ai _____ chat qui s'appelle Roly.

3 Ma mère a _____ voiture rouge.

4 Nous avons _____ fleurs dans le jardin.

5 Mon ami Arnaud a _____ petit frère.

6 Dans ma ville, il y a _____ magasins.

7 Est-ce que tu as _____ vélo ?

8 Il n'y a que _____ filles dans mon école.

9 Mon père travaille dans _____ bureau.

10 J'ai reçu _____ ordinateur pour mon anniversaire.

1.3 L'Article Partitif (Partitive Article)

When you want to say 'some' or 'any', you use the **partitive article** (l'article partitif), e.g. 'I'd like **some** apples'; 'Have you **any** plans for the summer?'.

- In English, we sometimes leave the partitive article out when we are speaking or writing, e.g. 'Have you plans for the summer?'; 'I have brothers and sisters'.
- In French, you **must always include it**, e.g. 'Est-ce que tu as **des** projets pour l'été ?'

- There are **four forms** of this article and you must look at the word which follows it to determine which form to use.

Which form will I use?

masculine singular noun	feminine singular noun	masculine/feminine singular nouns, beginning with a vowel/h*	all plural nouns
du	de la	de l'	des

* *Don't forget that a lot of nouns which start with 'h' in French are treated as vowels.*

Examples: Avez-vous **du** pain?
Je voudrais **de la** confiture.
Nous prenons **de l'**eau.
As-tu **des** haricots verts ?

- However, in a negative sentence all these articles become '**de**' (before a consonant) or '**d'**' (before a vowel).

Examples: Il n'a pas **de** cadeau.
Mon père n'a pas **de** voiture.
Nous n'avons pas **d'**argent.
Je n'ai pas **de** frère.
Je ne veux pas **d'**orange.

Exercise 3

Write the <u>correct form of the partitive article</u> **du, de la, de l', des, de** in these sentences.

1   Vous pouvez me donner _____ renseignements sur Nice, s'il vous plaît ?

2   Je travaille pour gagner ____ ____ argent.

3   Tu manges ____ ____ viande ?

4   Mon frère mange _____ chocolat tout le temps.

5   Nous mangeons _____ croissants français.

6   Je ne bois pas _____ eau.

7   En Irlande, nous mangeons souvent _____ porc.

8   Mes grands-parents n'achètent pas _____ chips.

9   Est-ce que tu as _____ temps pour faire du sport aujourd'hui ?

10   Mon chaton adore manger ____ ____ herbe. C'est drôle, n'est-ce pas ?

2 Les Adjectifs (Adjectives)

Adjectives are words used to describe people or things, e.g. 'the **long** holidays'; 'the **young** girl'; 'the **white** horse'.

- In French, all adjectives can be spelt in a number of ways. This depends on the **gender** (masculine or feminine) and **number** (singular or plural) of the noun they are describing.

Remember

The form you find in a dictionary or word list is the masculine singular form!

- There are rules to help you decide on the spelling of the adjective. Always check first on whether the word you are going to describe is **masculine** or **feminine**. Then, see if it is **singular** or **plural**.

2.1 Rules for Adjectives

(a) General Rule

Most French adjectives follow this rule:

masculine singular	feminine singular	masculine plural	feminine plural
petit	petit**e**	petit**s**	petit**es**

Exercise 4

Write the <u>correct form of the adjective</u> given in brackets.

1 J'ai un (petit) _____ chien.

2 Mon frère Sam est plus (grand) _____ que moi.

3 J'ai les cheveux (brun) _____.

4 Julie est (bavard) _____.

5 Stéphanie a les yeux (bleu) _____.

6 Les fleurs sont (jaune) _____.

7 La ville est (intéressant) _____.

8 Ils sont (américain) _____.

9 Les montagnes ici sont (haut) _____.

10 Ma maison est (petit) _____.

Remember

● If the adjective already ends in '**e**', you don't change the spelling to make it feminine.
Ma couette est (rose).
➤ *Ma couette est rose.*

● If the adjective already ends in an '**s**', you don't add another '**s**' to make it plural :
Les garçons sont (anglais).
➤ *Les garçons sont anglais.*

(b) Adjectives which end in '–f'

masculine singular	feminine singular	masculine plural	feminine plural
sportif (sporty)	sportive	sportifs	sportives
actif (active)	active	actifs	actives
vif (lively, bright)	vive	vifs	vives

(c) Adjectives which end in '–er'

masculine singular	feminine singular	masculine plural	feminine plural
cher (dear)	chère	chers	chères
premier (first)	première	premiers	premières
dernier (last)	dernière	derniers	dernières

(d) Adjectives which end in '–eux'

masculine singular	feminine singular	masculine plural	feminine plural
courageux* (brave)	courageuse	courageux*	courageuses
dangereux* (dangerous)	dangereuse	dangereux*	dangereuses
heureux* (happy)	heureuse	heureux*	heureuses

* *Adjectives which end in '**x**' in the masculine singular, stay the same in the masculine plural.*

(e) Adjectives which double the Final Consonant

There are a number of adjectives which double the final consonant and add an –e, to make their feminine form, such as:

ancien (old) ➤ ancienne	gentil (kind) ➤ gentille	moyen (medium/average) ➤ moyenne
bon (good) ➤ bonne	gras (fat) ➤ grasse	mignon (cute/nice) ➤ mignonne
cruel (cruel) ➤ cruelle	gros (large) ➤ grosse	nul (useless) ➤ nulle

masculine singular	feminine singular	masculine plural	feminine plural
bon	bonne	bons	bonnes
gentil	gentille	gentils	gentilles
gras	grasse	gras	grasses
nul	nulle	nuls	nulles

(f) Irregular Adjectives

There are a small number of adjectives which are irregular and which must be **learned**.

masculine singular	feminine singular	masculine plural	feminine plural
beau/bel* (*beautiful*)	belle	beaux	belles
blanc (*white*)	blanche	blancs	blanches
doux (*soft*)	douce	doux	douces
faux (*false*)	fausse	faux	fausses
favori (*favourite*)	favorite	favori	favorites
frais (*fresh/cool*)	fraîche	frais	fraîches
grec (*Greek*)	grecque	grec	grecques
long (*long*)	longue	longs	longues
nouveau/nouvel* (*new*)	nouvelle	nouveaux	nouvelles
public (*public*)	publique	publics	publiques
roux (*reddish*)	rousse	roux	rousses
sec (*dry*)	sèche	secs	sèches
turc (*Turkish*)	turque	turcs	turques
vieux/vieil* (*old*)	vieille	vieux	vieilles

*This is a special form used before a masculine noun which begins with a vowel or silent '**h**'.

Examples: Mon grand-père est un **vieil** homme.

Dans ma ville, il y a un **nouvel** hôpital.

Mon cheval est un **bel** animal.

Exercise 5

Write the correct form of the adjective given in brackets.

1 Merci de ta (dernier) _____ lettre.

2 Je suis (nul) _____ en maths.

3 J'ai deux souris (blanc) _____.

4 C'est un sport (dangereux) _____.

5 Ma soeur Aisling est très (sportif) _____.

6 J'ai un (nouveau) _____ vélo.

7 Ma mère a les cheveux (long) _____.

8 Dans ma ville il y a une (vieux) _____ église.

9 Mon amie Julie est très (gentil) _____.

10 Mon petit frère Cian est très (actif) _____.

11 C'est ma (premier) _____ visite en France.

12 Le voyage du retour était très (long) _____.

Articles
Adjectifs
Adverbes
Noms
Verbes
Négatives
Prépositions
Pronoms
Questions

2.2 Where do I put the Adjective?

Generally, in French, adjectives are put immediately **after the noun** they are describing.

Examples: J'ai les **yeux bleus**.

Nous avons un **jardin immense**.

But, the following adjectives are put **in front of the noun they are describing**:

beau (*beautiful/good-looking*)	haut (*high*)	mauvais (*bad, evil*)	vaste (*huge, vast*)
bon (*good*)	jeune (*young*)	méchant (*bold, nasty*)	vieux (*old*)
grand (*tall, big*)	joli (*pretty*)	nouveau (*new*)	vilain (*naughty/
gros (*large*)	long (*long*)	petit (*small*)	unpleasant*)

Example: Nous avons une **petite maison** avec un **grand jardin**.

2.3 Les Adjectifs Possessifs (Possessive Adjectives)

When you want to say to whom something belongs, you use a possessive adjective, e.g. 'That's **my** house'; 'It's **her** book'; 'We went to **their** house'.

- In French, because these are adjectives, the spelling must be changed, depending on the noun they are describing.
- Remember the agreement is always with the noun which follows the possessive adjective.

Here are the forms you need.

	masculine singular	feminine singular before a vowel	feminine singular before a consonant	all plural
my	mon	mon	ma	mes
your	ton	ton	ta	tes
her/his/its*	son	son	sa	ses
our	notre	notre	notre	nos
your	votre	votre	votre	vos
their	leur	leur	leur	leurs

** Notice that '**son, sa, ses**' can mean '**his**' or '**her**' or '**its**'. The meaning is usually clear from the situation.*

Examples: Merci mille fois pour **ta** carte et **ton** cadeau.

Nous rendrons visite à **nos** grands-parents.

Voilà Richard avec **sa** petite amie.

Voici une photo de **mon** école.

Exercise 6

Write the correct form of the possessive adjective.

1 Merci pour (your) _____ lettre.
2 (My) _____ frère a six ans.
3 Emmet adore (his) _____ chien.
4 Nous avons rencontré (their) _____ fille.
5 As-tu aimé (your) _____ vacances ?
6 (My) _____ profs sont sympas.
7 Meilleurs voeux à (your) _____ parents.
8 Nous finissons (our) _____ cours à quatre heures.
9 Karen a perdu (her) _____ sac.
10 Mon ami habite chez (his) _____ grands-parents.

2.4 Les Adjectifs Démonstratifs (Demonstrative Adjectives)

A demonstrative adjective points out something in particular. In English, we say '**this** book'; '**that** girl'; '**these** days'; '**those** people'. Because they are adjectives, there are different forms for these words in French, depending on what you are describing.

masculine singular before a consonant	masculine singular before a vowel/h	feminine singular	all plural
ce	cet	cette	ces

Examples: Je n'aime pas **cet** hôtel.
            Cette école est assez grande.
            Un de **ces** jours, j'irai en France.

Exercise 7

Write the correct form of the demonstrative adjective.

1 J'adore _____ matière.
2 Ma mère a pris _____ photos.
3 Chris et Oisin connaissent bien _____ ville.
4 _____ garçon est mon meilleur ami.
5 Il a visité _____ école.
6 Veux-tu sortir _____ soir ?
7 Je te rencontrerai _____ après-midi.
8 Tu connais _____ auteurs ?
9 Nous adorons _____ animal.
10 Hayley et Helen regardent _____ émissions de sport.

Articles
Adjectifs
Adverbes
Noms
Verbes
Négatives
Prépositions
Pronoms
Question

3 Les Adverbes (Adverbs)

Adverbs tell you more about how an action is done. They usually describe verbs, e.g. 'he writes **slowly**'; 'she talks **loudly**'; 'they went down the road **fast**'. In English, adverbs generally end in –**ly**, but not all do. Adverbs are generally placed after the verb they describe.

3.1 Adverbs made from Adjectives

In French, many **adverbs are made from adjectives**.

- If the masculine form of the adjective ends in a vowel, simply add –**ment**

  absolu ➤ absolu**ment** (*absolutely*) | vrai ➤ vrai**ment** (*truly*)

  facile ➤ facile**ment** (*easily*) | poli ➤ poli**ment** (*politely*)

- If the masculine form of the adjective ends in a consonant, take the **feminine form** of the adjective and add –**ment**:

  clair ➤ clair**e** ➤ **clairement**

  dangereux ➤ danger**euse** ➤ **dangereusement**

- If the adjective ends in –**ant** or –**ent**, change these to –**amment**, or –**emment**

  constant ➤ const**amment** (*constantly*)

  évident ➤ évid**emment** (*obviously*)

  négligent ➤ néglig**emment** (*carelessly*)

  Exception to this rule: **lent** ➤ **lentement**

- There are a small number of **irregular adverbs**:

bien	*well*		**mal**	*badly*
brièvement	*briefly*		**mieux**	*better*
gentiment	*kindly/nicely*		**vite**	*fast*

3.2 Special Adverbs

Adverbs can also tell you how often or how much an action is done, e.g. 'She **sometimes** studies'; 'I swim **a lot**'; 'We **often** play football'.

In these cases there is a special 'adverb' for each of these words. Common ones are:

How often		How much	
d'abord	*at first*	assez	*enough*
de temps en temps	*now and again*	beaucoup	*a lot*
d'habitude	*usually*	encore	*more*
encore	*again*	moins	*less*
quelquefois, parfois	*sometimes*	peu	*a little*
souvent	*often*	trop	*too much*

Articles

Adjectifs

Adverbes

Noms

Verbes

Négatives

Prépositions

Exercise 8

Change the adjectives in brackets <u>into an adverb</u> to complete each sentence.

1 Je travaille (régulier) _____ au supermarché.
2 Barry a (malheureux) _____ perdu* son nouveau portable.
3 Elle marche (lent) _____ dans la rue.
4 Ma mère va (constant) _____ faire les courses.
5 Je parle (poli) _____ au proviseur.
6 Le professeur explique (clair) _____ la leçon.
7 Je suis (vrai) _____ désolé(e).
8 Ils ont (facile) _____ trouvé* ma maison.
9 L'équipe a (courageux) _____ joué* pendant le match.
10 Parlez (doux) _____ ! Le bébé dort.

Notice the position of the adverb in the passé composé: the adverb is placed between the helping verb and the past participle.

Exercise 9

Translate the following sentences <u>into French</u>.

1 I often go to town.
2 Usually, I get up at 8 o'clock.
3 We go to the cinema now and again.
4 They visited France again last summer.
5 I love my dog a lot.
6 He does not train enough.
7 She rarely listens to music.
8 Sometimes we swim in the sea.
9 I will look at that DVD again.
10 First of all, thank you for your letter.

4 Les Noms (Nouns)

Nouns are words which name persons, places or things, e.g. child, school, schoolbag.

4.1 Gender

In French, all nouns are divided into two groups: **masculine nouns** and **feminine nouns**. When you look up a word in the dictionary or word list, you will normally be given an indication as to whether it is masculine or feminine (**nf** = noun feminine, **nm** = noun masculine).

- In French, it is important to know whether a noun is masculine or feminine. The words for '**a/an**' or '**the**' will vary depending on its gender.

- You also need to know whether a noun is masculine or feminine when you are using an **adjective**.

4.2 Making Nouns Plural

- Normally, nouns are made **plural** by adding an '**s**':
  un enfant (*a child*) ➤ des enfant**s**
  une école (*a school*) ➤ des école**s**
  un cartable (*a school bag*) ➤ des cartable**s**

- Nouns which end in '**s**', '**x**' or '**z**' in the singular, **do not change**:
  une souris (*a mice*) ➤ quatre souri**s**
  une voix (*a voice*) ➤ des voi**x**
  un nez (*a nose*) ➤ deux ne**z**

- Nouns which end in **–au** and **–eau** in the singular, add an '**x**' in the plural:
  un bateau (*a ship*) ➤ trois bateau**x**
  un tuyau (*a pipe*) ➤ quatre tuyau**x**

- Nouns which end in **–al** in the singular, change the **–al** into **–aux**:
  un cheval (*a horse*) ➤ des chev**aux**
  un animal (*an animal*) ➤ des anim**aux**

- There are a number of nouns which are often used **only in the plural**:
  les cheveux (*hair*); les vacances (*holidays*); les devoirs (*homework*); les bestiaux (*cattle*)

- There are a few nouns which have **irregular plurals**.
  You must learn these:
  un œil (*an eye*) ➤ des **yeux**
  monsieur (*sir*) ➤ **messieurs**
  madame (*lady*) ➤ **mesdames**
  le ciel (*the sky*) ➤ les **cieux**

- Family names do not change in **the plural**.

  la famille Latour   ➤   les Latour

  la maison de la famille Leclerc   ➤   la maison des Leclerc

Exercise 10

Write the nouns in brackets in the <u>plural</u>.

1 Dans ma famille, il y a quatre (enfant) _____.

2 En route, nous avons visité plusieurs (château) _____.

3 J'ai beaucoup de (devoir) _____ à faire.

4 Je donne à manger aux (cheval) _____.

5 J'ai reçu beaucoup de (cadeau) _____ pour mon anniversaire.

6 Nous avons deux (animal) _____ chez nous.

7 Moi, je déteste les (souris) _____.

8 Ma sœur Cliodhna a les (oeil) _____ bleus.

9 Mes (matière) _____ préférées sont les maths et le français.

10 Je m'entends bien avec mes (parent) _____.

5 Les Verbes (Verbs)

Verbs are the key element in all sentences. Verbs are the 'doing' words in sentences, e.g. 'Sophie **is singing**'; 'Paul **went** to town'; 'They **will arrive** at six o'clock'.

- The time at which an action is done is called the **tense**. For the Junior Certificate you need to know the present tense (*le présent*), the past continuous tense/imperfect (*l'imparfait*), the everyday past perfect tense (*le passé composé*), the future (*le futur*) and the conditional (*le conditionnel*).

- When you look up a verb in the dictionary or word list, the form you find is called the infinitive (*l'infinitif*). This is the **basic form** of the verb. You form most of the tenses from this part of the verb.

- French verbs in the infinitive end in one of the following: **–er**, **–ir**, **–re**. There are very definite patterns which you can use for most verbs.

5.1 Le Présent (Present Tense)

The present tense describes what is happening at present or what is done every day, e.g. 'I **am doing** my homework now'; 'We **live** in Roscommon'; 'They **come** to school each morning'.

- Remember, in French there is **only one form** of the present tense.
- Unlike English, in French you must **change the ending of the verb**, depending on **who** or **what** is doing the action.

(a) To make this Tense

The first step is to cross out the **–er**, **–ir** or **–re**. Then add the **appropriate ending**.

(*regard*) **–er**	
je	regard**e**
tu	regard**es**
il/elle/on	regard**e**
nous	regard**ons**
vous	regard**ez**
ils/elles	regard**ent**

(*fin*) **–ir**	
je	fin**is**
tu	fin**is**
il/elle/on	fin**it**
nous	fin**issons**
vous	fin**issez**
ils/elles	fin**issent**

(*attend*) **–re**	
j'	attend**s**
tu	attend**s**
il/elle/on	attend
nous	attend**ons**
vous	attend**ez**
ils/elles	attend**ent**

- Verbs which do not follow these patterns are called **irregular verbs**. You will find a list of these at the back of the book (p. 232/235).

- There is a group of verbs called **reflexive verbs** (*les verbes pronominaux*). These verbs have two pronouns (je me, tu te, il se etc.), but follow in all other respects the general rules of the present tense. In the dictionary or word list, they will appear with '**se**' in front of the infinitive.

se laver (reflexive verb)	
je	**me** lav**e**
tu	**te** lav**es**
il/elle/on	**se** lav**e**
nous	**nous** lav**ons**
vous	**vous** lav**ez**
ils/elles	**se** lav**ent**

Exercise 11

Using le présent, write the <u>correct form of the verbs</u> in brackets.

1 Je (travailler) _____ beaucoup en ce moment.

2 Mon père (voyager) _____ partout en Irlande.

3 Nous (finir) _____ à 3h30 tous les jours.

4 Kieran (attendre) _____ ta visite avec impatience.

5 Nous (s'amuser) _____ _____ bien ici.

6 Je (passer) _____ une semaine chez ma tante.

7 Mes grands-parents (habiter) _____ dans le Donegal.

8 Je (se reposer) _____ _____ à la plage.

9 Jack (choisir) _____ un cadeau pour sa sœur.

10 Carrie et son amie (perdre) _____ le match de badminton.

11 On (vendre) _____ des fleurs au marché.

12 Cian (s'habiller) _____ toujours très bien.

(b) To make a Negative Sentence in le Présent Tense

When you want to say that something is not happening or does not happen in French, you put the word '**ne**' before the verb and '**pas**' after it. '**Ne**' is shortened to '**n'** ' if the verb begins with a vowel.

Examples: Je **ne** parle **pas**.
                Nous **n'**attendons **pas**.
                Ils **ne** jouent **pas**.

●   In the case of a reflexive verb, '**ne**' is placed between the two pronouns and '**pas**' comes after the verb.

Examples: Je **ne** me couche **pas**.
                Elle **ne** s'amuse **pas**.
                Nous **ne** nous promenons **pas**.

5.2 L'Imparfait (Past Continuous/Imperfect Tense)

As the name suggests, this past tense is used when you want to say what '**was going on**' or what '**used to happen**' on a regular basis, e.g 'I **used to take** music lessons'; 'He **was crossing** the road'; 'It **was raining**'.

●   In this tense there is just one rule which covers all **–er**, **–ir**, **–re** verbs and all but one of the **irregular** verbs.

(a) To make this Tense

Step 1 Find the '**nous**' form of the present tense of the verb you wish to use.
Step 2 Cross off the ending '**–ons**'.
Step 3 Add the imparfait endings, i.e. '**–ais, –ais, –ait, –ions, –iez, –aient**'.

Step 1		Step 2	Step 3	
nous	travaill**ons**	travaill~~ons~~	je	travaill**ais**
nous	finiss**ons**	finiss~~ons~~	je	finiss**ais**
nous	attend**ons**	attend~~ons~~	j'	attend**ais**
nous	fais**ons**	fais~~ons~~	je	fais**ais**
nous **nous**	amus**ons**	amus~~ons~~	je **m'**	amus**ais**

The only exception to this rule is '**être**'. Its **imparfait** is '**j'étais**'.

Exercise 12

Using l'imparfait, write the underline{correct form of the verbs} in brackets.

1   Mes parents (habiter) _____ à Roscommon.

2   Je (jouer) _____ au badminton.

3   Il (faire) _____ soleil tous les jours.

4   Mon père Andrew (travailler) _____ à la gare.

5   Nous (finir) _____ tous les mercredis à 1h00.

6   Ma mère (être) _____ journaliste.

7   Ils (rester) _____ toujours chez leur tante.

8   Pendant les vacances, je (se coucher) _____ _____ à 11h00.

9   Mon cousin Adam (venir) _____ chaque week-end.

10   Nous (sortir) _____ tous les soirs avec nos amis.

(b) To make a Negative Sentence in l'Imparfait

You follow the same rule which applied to the present tense, i.e. '**ne**' before the verb and '**pas**' after the verb. If the verb begins with a vowel, '**ne**' is shortened to '**n**' '.

Examples: Il **ne** faisait **pas** beau.

Nous **n'**étions **pas** contents.

Il **ne** se levait **pas** avant midi.

5.3 Le Passé Composé (Perfect Tense)

This tense is used to describe actions which happened in the past and which are now completed, e.g. 'I **arrived** here last week'; 'We **swam** in the pool'; 'They **finished** their exams'. Quite often this tense ends in **–ed** in English.

● Le passé composé is made up of two words: a **helping verb** and a part of the verb called the **past participle**. The helping verb is always either the present tense of '**avoir**' or the present tense of '**être**'. The past participle of all **–er** verbs is '**é**'; the past participle of most **–ir** verbs is '**i**'; the past participle of most **–re** verbs is '**u**'.

There are always **two words** which make up this tense of the verb.

j'ai tu as nous avons	+	mangé fini attendu	=	j'ai mangé tu as fini nous avons attendu
je suis tu es il est	+	sorti allé né	=	je suis sorti(e) tu es allé(e) il est né

(a) Le Passé Composé with 'avoir'

Most verbs use '**avoir**' as the helping verb.

Examples:

travailler		
j'	**ai**	travaillé
tu	**as**	travaillé
il/elle/on	**a**	travaillé
nous	**avons**	travaillé
vous	**avez**	travaillé
ils	**ont**	travaillé

choisir		
j'	**ai**	choisi
tu	**as**	choisi
il/elle/on	**a**	choisi
nous	**avons**	choisi
vous	**avez**	choisi
ils	**ont**	choisi

attendre		
j'	**ai**	attendu
tu	**as**	attendu
il/elle/on	**a**	attendu
nous	**avons**	attendu
vous	**avez**	attendu
ils	**ont**	attendu

Exercise 13

Using le passé composé, write the <u>correct form of the verbs</u> in brackets.

> **Don't forget!**
> Helping Verb
> +
> Past Participle

1. Hier, j' (jouer) _____ _____ au foot pour mon école.

2. Le week-end dernier, nous (fêter) _____ _____ l'anniversaire de mon père.

3. Il y a une semaine, ma soeur (visiter) _____ _____ Paris.

4. L'été dernier, mon cousin (passer) _____ _____ le mois de juillet chez nous.

5. Jeudi dernier, mes amis et moi (choisir) _____ _____ un cadeau pour notre prof.

6. Je (attendre) _____ _____ Neil à l'arrêt.

7. Tu (vendre) _____ _____ ton vélo ?

8. On (garder) _____ _____ de très bons souvenirs de nos vacances à St Cyprien.

9. Nous (manger) _____ _____ mercredi dernier dans un restaurant chic.

10. J' (nager) ____ _____ pour la première fois dans la mer.

There are a small number of verbs which use '**avoir**' as the helping verb, but which have **unusual past participles**. You need to learn these.

Infinitive	➤	Past Participle
avoir (*to have*)	➤	eu
boire (*to drink*)	➤	bu
connaître (*to know*)	➤	connu
devoir (*to have to*)	➤	dû
dire (*to say*)	➤	dit
écrire (*to write*)	➤	écrit
être (*to be*)	➤	été
faire (*to do/to make*)	➤	fait
lire (*to read*)	➤	lu
mettre (*to put*)	➤	mis

Infinitive	➤	Past Participle
offrir (*to offer/to give*)	➤	offert
ouvrir (*to open*)	➤	ouvert
pouvoir (*to be able to*)	➤	pu
prendre (*to take*)	➤	pris
recevoir (*to receive*)	➤	reçu
rire (*to laugh*)	➤	ri
savoir (*to know*)	➤	su
tenir (*to hold*)	➤	tenu
voir (*to see*)	➤	vu
vouloir (*to want*)	➤	voulu

Articles
Adjectifs
Adverbes
Noms
Verbes
Négatives
Prépositions
Pronoms
Questions

Articles
Adjectifs
Adverbes
Noms
Verbes
Négatives
Prépositions
Pronoms
Question

Exercise 14

Using le passé composé, write the correct form of the verbs in brackets.

Don't forget!
Helping Verb
+
Past Participle

1 Nous (recevoir) _____ _____ ta lettre.

2 Je (faire) _____ _____ du sport hier.

3 Tu (écrire) _____ _____ que tu aimes le karaté, c'est vrai ?

4 Papa (prendre) _____ _____ l'avion à New York.

5 Notre classe (voir) _____ _____ un film français.

6 Mon frère (être) _____ _____ déçu par ses vacances en Espagne.

7 Tout le monde (rire) _____ _____ .

8 Mes parents (dire) _____ _____ que je pouvais aller en France.

9 Je (vouloir) _____ _____ acheter un nouveau jogging.

10 Tu (lire) _____ _____ Harry Potter ?

(b) Le Passé Composé with 'être'

There are two groups of verbs which always use '**être**' to make the passé composé.

● **Group 1**

The following list of verbs use '**être**'. You must learn this list.

Infinitive	➤	Past Participle
aller* (*to go*)	➤	allé
arriver (*to arrive*)	➤	arrivé
descendre (*to go down*)	➤	descendu
entrer* (*to come in*)	➤	entré
monter (*to go up*)	➤	monté
mourir (*to die*)	➤	mort
naître* (*to be born*)	➤	né

Infinitive	➤	Past Participle
partir* (*to leave*)	➤	parti
rester (*to stay*)	➤	resté
retourner (*to return*)	➤	retourné
sortir (*to go out*)	➤	sorti
tomber (*to fall*)	➤	tombé
venir* (*to come*)	➤	venu

* *Compounds of these verbs also follow the same rule, e.g. s'en aller, parvenir, revenir, devenir, repartir, rentrer, renaître.*

Group 1		
je	**suis**	arrivé(**e**)
tu	**es**	arrivé(**e**)
il/on	**est**	arrivé
elle	**est**	arrivé**e**
nous	**sommes**	arrivé(**e**)**s**
vous	**êtes**	arrivé(**e**)**s**
ils	**sont**	arrivé**s**
elles	**sont**	arrivé**es**

As you can see, verbs with **être** as a helping verb are a little different from those with '**avoir**'. In this case the spelling of the past participle depends on the **number** (*singular/plural*) and **gender** (*masculine/feminine*) of the **subject** (*the person or thing doing the action*).

- **Group 2**

   All reflexive verbs ('verbes pronominaux') use '**être**' to make le passé composé.

Group 2		
je	**me suis**	couché(**e**)
tu	**t'es**	couché(**e**)
il/on	**s'est**	couché
elle	**s'est**	couché**e**
nous	**nous sommes**	couché(**e**)**s**
vous	**vous êtes**	couché(**e**)**s**
ils	**se sont**	couché**s**
elles	**se sont**	couché**es**

Exercise 15

Using <u>le passé composé</u>, write the <u>correct form of the verbs</u> in brackets.

1   Ma tante (arriver) _____ _____ hier.

2   Nous (aller) _____ _____ en vacances en Italie.

4   La correspondante de mon amie (venir) _____ _____ avec nous.

5   Ma petite soeur (tomber) _____ _____ de son vélo.

6   Mes parents (sortir) _____ _____ ce soir.

7   Nous nous (se lever) _____ _____ très tôt ce matin.

8   Ils (se coucher) _____ _____ à minuit.

9   Je (partir) _____ _____ de bonne heure.

10   Nous nous (s'amuser) _____ _____ au concert.

(c) To make a Negative Sentence in le Passé Composé

- This time '**ne**' and '**pas**' go **before and after** the helping verb.

Examples: Je **n'**ai **pas** écrit.
   Nous **n'**avons **pas** vu.
   Elle **n'**est **pas** allée.
   Nous **ne** sommes **pas** restés.
   Ils **ne** sont **pas** partis.

Articles
Adjectifs
Adverbes
Noms
Verbes
Négatives
Prépositions
Pronoms

● In the case of a reflexive verb, '**ne**' goes between the two pronouns and '**pas**' goes **between** the helping verb and the past participle.

Examples: Je **ne** me suis **pas** reposé(e).

Nous **ne** nous sommes **pas** amusé(e)s.

5.4 Le Futur (Future Tense)

This is the tense used to say what will happen at some stage in the future, e.g. 'We **will arrive** on Tuesday, 4 June'; 'I **will meet** you at the cinema.'; 'When **will you** get back?'

In French, this tense is made from the **infinitive of the verb** (the form you find when you look up the verb in the dictionary or word list).

(a) To make this Tense

There is just one **set of endings** for **all verbs** in the future:

je	–ai
tu	–as
il/elle/on	–a
nous	–ons
vous	–ez
ils/elles	–ont

● For **–er** and **–ir** verbs: add the endings to the infinitive.
● For **–re** verbs: cross off the final 'e' of the infinitive, and then add endings.

–er (travailler)		–ir (finir)		–re (vendre)	
je	travaillerai	je	finirai	je	vendrai
tu	travailleras	tu	finiras	tu	vendras
il/elle/on	travaillera	il/elle/on	finira	il/elle/on	vendra
nous	travaillerons	nous	finirons	nous	vendrons
vous	travaillerez	vous	finirez	vous	vendrez
ils/elles	travailleront	ils/elles	finiront	ils/elles	vendront

● There are a small number of verbs which **do not use the infinitive to form their future**, but which have a special stem. You need to learn these. However, the endings as given above are used.

aller	➤	j'irai		faire	➤	je ferai
acheter	➤	j'achèterai		pouvoir	➤	je pourrai
avoir	➤	j'aurai		recevoir	➤	je recevrai
courir	➤	je courrai		savoir	➤	je saurai
devoir	➤	je devrai		venir	➤	je viendrai
envoyer	➤	j'enverrai		voir	➤	je verrai
être	➤	je serai		vouloir	➤	je voudrai

Articles

Adjectifs

Adverbes

Noms

Verbes

Négatives

Prépositions

Pronoms

Exercise 16

Using <u>le futur</u>, write the <u>correct form of the verbs</u> in brackets.

1 Nous (arriver) _____ le 2 juillet.

2 Je (partir) _____ le week-end prochain.

3 Il (acheter) _____ une nouvelle maison.

4 Elle (fêter) _____ son anniversaire mardi prochain.

5 Nous (aller) _____ en vacances en juillet.

6 Je (faire) _____ de mon mieux.

7 Mon correspondant (venir) _____ en août.

8 Je t'(écrire) _____ bientôt.

9 Tu (devoir) _____ réserver ton vol bientôt.

10 Ils nous (voir) _____ ce soir.

(b) To make a Negative Sentence in le Futur

You follow the same rule as for the present and imparfait tenses, i.e. put '**ne**' immediately before the verb and '**pas**' after the verb. If the verb starts with a vowel, shorten '**ne**' to '**n'**'.

Examples: Je **ne** ferai **pas** de shopping aujourd'hui.

Il **n'**arrivera **pas** demain.

Nous **ne** sortirons **pas** ce soir.

(c) Le Futur Proche

There is another way to talk about actions which will take place in the future. We often use this in English, e.g. '**I am going to** go out tonight'; 'My brothers **are going to** work in Australia'. We do this by using the present tense of the verb '**to go**' followed by the infinitive of the verb required. The same thing can be done in French.

je	**vais**		visit**er**
tu	**vas**		arriv**er**
il/elle/on	**va**		part**ir**
nous	**allons**	+	invit**er**
vous	**allez**		prend**re**
ils/elles	**vont**		fin**ir**

Examples: Je **vais** fin**ir** mes devoirs maintenant.

Elle **va** arriv**er** à 8 heures.

Nous **allons** regard**er** un film samedi.

Ils **vont** se douch**er** après le match.

5.5 Le Conditionnel (Conditional Tense)

This is the tense you use when you want to say you 'would' do something, e.g. 'I **would love** to go'; 'He **would come** if he had the time'; 'They **would learn** more, if they worked harder'.

(a) To make this Tense

This tense is similar to le futur, except it uses the endings of l'imparfait tense. So any rule you learned for the future tense applies to the conditional tense.

travailler	
je	travailler**ais**
tu	travailler**ais**
il/elle/on	travailler**ait**
nous	travailler**ions**
vous	travailler**iez**
ils/elles	travailler**aient**

finir	
je	finir**ais**
tu	finir**ais**
il/elle/on	finir**ait**
nous	finir**ions**
vous	finir**iez**
ils/elles	finir**aient**

vendre	
je	vendr**ais**
tu	vendr**ais**
il/elle/on	vendr**ait**
nous	vendr**ions**
vous	vendr**iez**
ils/elles	vendr**aient**

Exercise 17

Using le conditionnel, write the correct form of the verbs in brackets.

1 J'(aimer) _____ aller en ville.

2 Il (acheter) _____ un nouveau maillot, s'il avait de l'argent.

3 Nous (choisir) _____ une autre voiture, si nous gagnions au loto.

4 Mon frère (apprendre) _____ l'italien, s'il avait le temps.

5 Nous (venir) _____ chez toi, si tu nous invitais.

6 Tu (vouloir) _____ rester chez nous ?

7 (Pouvoir) _____-vous m'aider ?

8 Mon amie (faire) _____ le tour du monde, si elle avait beaucoup d'argent.

9 Ma mère (adorer) _____ aller en Italie.

10 Nous (jouer) _____ au tennis, si nous avions des raquettes.

(b) To make a Negative Sentence in le Conditionnel

As is done for le présent, l'imparfait and le futur, '**ne**' is put before the verb and '**pas**' is put after the verb. If the verb begins with a vowel, '**ne**' is shortened to '**n'** '.

5.6 L'Impératif (Imperative)

In English you use the imperative (or command form) when you want to tell or request somebody to do something, e.g. '**Write** to me soon'; '**Come back** quickly'; '**Send** me your news'. In French you use the '**tu**' and '**vous**' form of the verb. The '**nous**' form is also used, when you want to suggest doing something: '**Let's** …'.

(a) To make this Tense

You use the present tense of the verb concerned, but leave out the pronouns '**tu**', '**nous**', '**vous**'. However, for **–er** verbs you also take away the final '**s**' from the '**tu**' form:

	–er	–ir	–re	irregular
tu	Travaille ! (*work!*)	Finis !	Attends !	Écris !
nous	Travaillons ! (*let's work!*)	Finissons !	Attendons !	Écrivons !
vous	Travaillez ! (*work!*)	Finissez !	Attendez !	Écrivez !

(b) To make a Negative Sentence in l'Impératif

Place '**ne**' immediately before the verb and '**pas**' afterwards. '**Ne**' is shortened to '**n'**' if the verb starts with a vowel.

Examples: **Ne** touche **pas** à mes affaires !
Ne faisons **pas** d'excursion aujourd'hui ! Il pleut.
N'hésitez **pas** à venir nous voir !
N'oublie **pas** tes lunettes de soleil !

Exercise 18

Using <u>l'impératif</u>, write the <u>correct form of the verb</u> in brackets.

1   (Écrire) _____-moi vite !

2   (Attendre) _____-moi à l'entrée de la gare !

3   Luc et Paul, (faire) _____ attention au feu rouge !

4   (Aller) _____ au cinéma ce soir !

5   Sandrine, (venir) _____ ici !

6   N'(oublier) _____ pas ton argent !

7   (Apporter) _____ vos maillots de bain !

8   Monsieur Henry, (téléphoner) _____ à votre femme ce soir !

9   (Sortir) _____ ensemble ce week-end !

10 Loïc, n'(arriver) _____ pas avant six heures !

6 Les Phrases Négatives (Negative Sentences)

Besides '**ne... pas**', there are a number of other useful negative forms which you can use when you are writing or speaking French. These are:

ne ....aucun/aucune	*not any*
ne ....jamais	*never*
ne ....ni... ni...	*neither ... nor*
ne ....nulle part	*not anywhere/nowhere*
ne ....pas du tout	*not at all*
ne ....personne	*nobody/not anybody*
ne ....plus	*no longer/not any more*
ne ....que	*only*
ne ....rien	*nothing/not anything*

● As with '**ne... pas**', '**ne**' is put **in front of** the verb and the negative word comes **afterwards** in most tenses. '**Ne**' is also shortened to '**n**" if the verb begins with a vowel or '**h**'.

Examples: Nous **ne** jouons **plus** au foot.   *We no longer play football.*
Maman **n'**achète **rien** au marché. *Mam buys nothing at the market.*
Je **n'**oublierai **jamais** mes   *I will never forget my holidays with you.*
vacances chez toi.
Ils **ne** jouent **qu'**au football   *They only play Gaelic football.*
gaélique.

● In the passé composé, '**ne**' is placed **before** the helping verb and the negative word comes **after** the helping verb.

Examples: Je **ne** suis **jamais** allé en France.   *I have never been to France.*
Il **n'**a **rien** acheté au marché.   *He bought nothing at the market.*
Je **n'**ai **pas** lu ce roman.   *I have not read that novel.*

● However, in the case of '**ne... aucun/aucune**', '**ne... personne**', '**ne... que**', '**ne... nulle part**' and '**ne... ni... ni**', the second part goes after the past participle.

Examples: Malheureusement, je **n'**ai vu **personne**. *Unfortunately I saw no one.*
Nous **ne** sommes sortis **que** pendant   *We only went out during the day.*
la journée.
Il **ne** l'a vu **nulle part**.   *He did not see him/it anywhere.*
Je **n'**ai vu **ni** Jean **ni** Marie.   *I have seen neither Jean nor Marie.*

Using a <u>negative phrase</u>, fill in the blanks in these sentences.

1 Je _____ prends _____ de cours de danse. (no longer)
2 Il _____ sort _____ avec nous. (never)
3 Nous _____ connaissons _____ qui joue aux fléchettes. (nobody)
4 Ils _____ achètent _____ en ville. (nothing)
5 Je _____ ai vu _____ Christine _____ Marie-Claire au café. (neither/nor)
6 Malheureusement, il _____ y a _____ travail pour lui au supermarché. (not any)
7 Ils _____ ont _____ vu qu'ils pouvaient acheter. (nothing)
8 Il _____ reste _____ de gâteau. (no more)
9 Je _____ ai rencontré _____ au restaurant. (nobody)
10 Elle _____ a acheté _____ des chaussures. (only)

7 Les Prépositions (Prepositions)

Prepositions are small words which are often used to indicate the position of something in relation to something else, e.g. 'They live **beside** us'; 'The houses are **in** a housing estate'; 'We live **near** the town'.

7.1 À = To or At

- The preposition 'à' is always used **before the name of a town**.

Examples: J'habite **à** Lille.
Il travaille **à** Bordeaux.
Le magasin se trouve **à** Tralee.
Il partent **à** Roscommon pour leurs vacances.

- It is also used to mean '**to**' before someone's name.

Examples: J'ai donné un cadeau **à** Manon.
Ils ont envoyé une carte **à** Mme Burke.

But, if you need to say '**to the**' or '**at the**' you have a choice of forms to use: **au**, **à la**, **à l'** or **aux**. As always, look at the **gender** and **number of the noun** which follows the preposition.

Which form will I use?

	masculine singular noun	feminine singular noun	masculine/feminine before a noun starting with a vowel or silent 'h'	all plural nouns
to the/ at the	au	à la	à l'	aux

Exercise 20

Write the <u>correct form of 'à'</u> in the following sentences.

1 Mon père va souvent _____ Galway.

2 Mon frère va _____ école en vélo.

3 Je te retrouverai _____ cinéma.

4 Mon amie Jeanne passe l'après-midi _____ plage.

5 Nous nous retrouverons _____ café.

6 Ils arriveront _____ gare.

7 Est-ce que tu voudrais venir _____ Cavan avec nous ?

8 Danielle a dû aller _____ hôpital.

9 Le professeur a donné les cahiers _____ élèves.

10 Nous serons logés _____ hôtel.

7.2 De = Of or From

The preposition '**de**' is used **before a proper noun** (nouns which are **the names of people or places** – you will recognise them by the capital letter) or when you need to say '**of**' or '**from**' a person or thing.

Examples: la ville **de** Dublin   *Dublin city*
                la soeur **de** Siobhán   *Siobhán's sister*
                Richard vient **de** Cork.   *Richard comes from Cork.*

But, if you need to say '**of the**' or '**from the**', there are four forms.

Which form will I use?

	masculine singular noun	feminine singular noun	masculine/feminine before a noun starting with a vowel or silent 'h'	all plural nouns
of the/ from the	du	de la	de l'	des

Articles
Adjectifs
Adverbes
Noms
Verbes
Négatives
Prépositions
Pronoms
Questions

Exercise 21

Write the <u>correct form of 'de'</u> in the following sentences.

1 Siobhan est l'amie _____ Catherine et Maeve.

2 Je viendrai _____ seize juin au quatorze août.

3 Je te rencontrerai au coin _____ rue.

4 Elle vient _____ États-Unis.

5 Kate est la cadette _____ famille.

6 St John's est le nom _____ école.

7 Le professeur a envoyé Lucie au bureau _____ proviseur.

8 Nous visiterons le château _____ Kilkenny.

9 On peut aller visiter le musée _____ arts traditionnels.

10 Je fais des achats près _____ hôtel.

7.3 Other Useful Prepositions

à côté de*	*beside*
à droite de*	*on the right of*
à gauche de*	*on the left of*
à travers	*across*
au bord de*	*on the edge of, beside*

avec	*with*
contre	*against*
dans	*in*
devant	*in front of*
en face de*	*facing, opposite*

au centre de*	*in the centre of*
au milieu de*	*in the middle of*
après	*after*
aux environs de*	*on the outskirts of*
avant	*before (time)*

entre	*between*
hors de*	*beyond*
près de*	*near**
sous	*under*
sur	*on, on top of*

* Don't forget your rules for 'de', e.g. en face du bureau, à côté de la plage, près des magasins.
Always look at the gender and number of the noun which follows the preposition.

Examples: Le camping se trouve au bord **du** lac.

Le cinéma est en face **de la** gare.

J'habite près **de l'**école.

Nous avons fait une randonnée hors **des** bois.

Exercise 22

Use a suitable <u>preposition</u> in these sentences. Try to use a different preposition each time.

1 J'habite _____ une petite maison.

2 Mon ami travaille au supermarché _____ _____ chez moi.

3 La bibliothèque se trouve _____ _____ _____ la ville.

4 Notre ferme est située _____ la ville et la mer.

5 Notre équipe a joué _____ celle de Wicklow.

6 _____ _____ _____ ma chambre, il y a la chambre de mes parents.

7 Il y a beaucoup de posters _____ le mur.

8 Je vais à la piscine _____ mes amis.

9 _____ notre maison, il y a un joli jardin.

10 Je rentre _____ mes cours.

11 Le château se trouve _____ _____ la ville.

12 Mettez vos cahiers _____ le placard !

8 Les Pronoms (Pronouns)

A pronoun is a word which replaces a noun, already referred to, e.g. 'Mary spoke to **me**'; '**I** like **him**'; 'Send **them** soon'; '**He** came home'. Pronouns can be used as the **subject** of a sentence or as the **object** of a sentence.

8.1 Les Pronoms Personnels Sujet

je	*I*
tu	*you (singular)*
il	*he (or it)*
elle	*she (or it)*
on	*someone / somebody*
nous	*we*
vous	*you (plural)*
ils	*they (masculine or mixed gender)*
elles	*they (feminine gender)*

You probably learned these pronouns when you first started French and are quite used to them. These refer to the person or thing doing the action, e.g. **she** walks/*elle se promène*, **he** arrived/*il est arrivé.*

There are **two** groups of object pronouns:

(a) **Direct Object Pronouns**

(b) **Indirect Object Pronouns**

(a) **Direct Object Pronouns – Pronoms Objet Direct**

Direct Object Pronouns	
me	*me*
te	*you*
le	*him/it*
la	*her/it*
nous	*us*
vous	*you*
les	*them*

- A direct object pronoun is used when the action is done *directly* to the person or thing, e.g. 'I see **him**'; 'We watch **them**'; 'I thank **you**'.

- In French, pronouns are put directly before the verb. If the verb starts with a vowel or silent '**h**', '**me**, **te**, **le** and **la**' are shortened to '**m'**, **t'**, **l'**'.

Examples:

Je vois la mer.	➤	Je **la** vois.
Nous regardions les photos.	➤	Nous **les** regardions.
J'adore ce cadeau.	➤	Je **l'**adore.
Orla aimait Tony.	➤	Orla **l'**aimait.

In the passé composé, the **direct object pronoun** is put **before** the helping verb.

Examples:

J'ai aimé ton cadeau.	➤	Je **l'**ai aimé.
Il a acheté le vélo de Paul.	➤	Il **l'**a acheté.
Nous avons attendu le bus.	➤	Nous **l'**avons attendu.

- When a direct object pronoun stands in front of a verb in le passé composé, the spelling of the past participle has to be altered. You deal with the participle as if it were an adjective, i.e. you add an '**e**' to make it feminine singular, an '**s**' to make it masculine plural and an '**es**' to make it feminine plural.

Examples:

J'ai reçu ta lettre.	➤	je **l'**ai reçu**e**. ('lettre' is fem. sing.)
Mon père a aimé ses cadeaux.	➤	Mon père **les** a aimé**s**. ('cadeaux' is masc. pl.)
Ma mère a admiré les photos.	➤	Ma mère **les** a admiré**es**. ('photos' is fem. pl.)

Articles

Adjectifs

Adverbes

Noms

Verbes

Négatives

Prépositions

Pronoms

Questions

Exercise 23

Replace the underlined word by a <u>direct object pronoun</u> and put it in the correct place.

1 Je regarderai <u>la télévision</u> ce soir.

2 Mon frère mange <u>le chocolat</u>.

3 Ma cousine enseignait <u>la natation</u>.

4 Nous apprenons <u>les langues</u>.

5 Je porte <u>mes gants</u> quand il fait froid.

6 Est-ce que tu as vu <u>Philippe</u> en ville ?

7 Mon amie a pris <u>le train</u> pour aller à Cork.

8 Maman a écouté <u>la musique</u>.

9 Le professeur a attendu <u>Julie et moi</u> à la porte.

10 Ma grand-mère a adoré <u>les chocolats français</u>.

(b) Indirect Object Pronouns – Pronoms Objet Indirect

An indirect object pronoun is used when the action is done *indirectly* to the object, e.g. 'She gave a present **to him**'; 'We send good wishes **to them**'; 'I bought a book **for her**'. '**Me**' and '**te**' are shortened to '**m**' and '**t**'' before a vowel or silent '**h**'. '**Lui**' is never shortened.

Indirect Object Pronoun	
me	*to/for me*
te	*to/for you*
lui	*to/for him*
lui	*to/for her*
nous	*to/for us*
vous	*to/for you*
leur	*to/for them*

Examples: J'offre un cadeau <u>à Julie</u>. ➤ Je **lui** offre un cadeau.

Suzanne prête de l'argent <u>à moi</u>. ➤ Suzanne **me** prête de l'argent.

Je téléphonerai <u>à vos parents</u> ce soir. ➤ Je **leur** téléphonerai ce soir.

J'écrivais <u>à mon correspondant</u>. ➤ Je **lui** écrivais.

J'ai acheté un cadeau <u>pour toi</u>. ➤ Je **t'**ai acheté un cadeau.

In the case of an indirect object pronoun, there is no need to change the spelling of the past participle in the passé composé.

Articles
Adjectifs
Adverbes
Noms
Verbes
Négatives
Prépositions
Pronoms

Exercise 24

Replace the underlined word(s) with an <u>indirect object pronoun</u> and put it in the correct place.

1 J'enverrai un e-mail/courriel <u>à David</u> ce soir.

_____

2 Ma grand-mère a acheté un CD <u>pour moi</u>.

_____

3 Nous écrirons <u>à vos parents</u> bientôt.

_____

4 Il téléphonera <u>à Roisín</u> demain.

_____

5 Je dis 'bonjour' <u>à tes parents</u>.

_____

6 Le professeur a rendu les cahiers [<u>à nous</u>].

_____

7 Je donne un coup de main <u>à mon grand-père</u>.

_____

8 Nous avons vendu notre voiture <u>à nos voisins</u>.

_____

9 J'écris souvent <u>à mon petit ami</u>.

_____

10 Mes profs ont donné de bonnes notes [<u>à moi</u>].

_____

8.3 To make a Sentence with an Object Pronoun Negative

Because the object pronoun is now directly in front of the verb, '**ne**' has to move to the left to make room for the pronoun. '**Pas**' is still placed after the verb.

Examples: Il **ne** m'aime **pas**.

Nous **ne** vous attendons **pas**.

Ils **ne** nous ont **pas** vus.

(a) The Pronoun En

'**En**' is used when you want to say '**of it**', '**of them**', '**some of it**', or '**some of them**'. As you have learned before, a pronoun is placed **in front of the verb**.

Examples: Je mange beaucoup <u>de fruits</u>.   ➤   J'**en** mange beaucoup.

Il a acheté <u>du pain</u>.   ➤   Il **en** a acheté.

Tu as <u>de l'argent</u> ?   ➤   Tu **en** as ?

(b) The Pronoun Y

'**Y**' is usually used when you want to replace the name of a place with a pronoun. It is generally translated as '**there**'. '**Y**' is placed in front of the verb.

Examples: Je vais souvent <u>en ville</u>.   ➤ J'**y** vais souvent.

Nous allons <u>à Paris</u> cet été.   ➤ Nous **y** allons cet été.

Exercise 25

Replace the underlined words with either '<u>en</u>' or '<u>y</u>' and put it in the correct place.

1   Ma mère va souvent <u>en France</u>.

_____

2   Nous allons tous les jours <u>à l'école</u>.

_____

3   Ils ont acheté beaucoup <u>de CD</u>.

_____

4   Nous avons vu peu <u>de films français</u>.

_____

5   Il va <u>au théâtre</u> ce soir ?

_____

8.5 Order of Pronouns in a sentence

Sometimes more than one pronoun is used in a sentence. They are put **in front of the verb** in the following order:

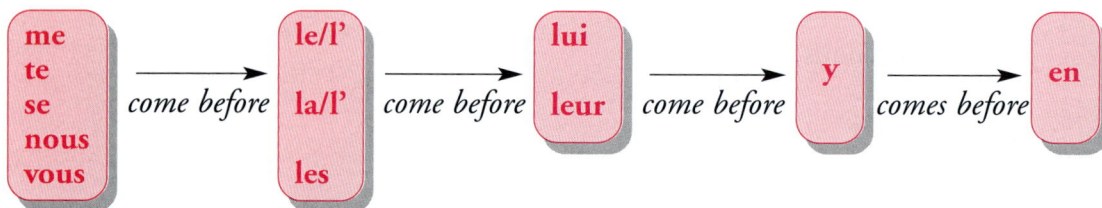

me te se nous vous	*come before*	le/l' la/l' les	*come before*	lui leur	*come before*	y	*comes before*	en

Examples: Marie **te les** enverra.   ➤ *Marie will send them to you.*

Suzanne **les y** rencontrait.   ➤ *Suzanne used to meet them there.*

Valérie **lui en** demande quelques-uns. ➤ *Valérie asks him/her for some of them.*

Articles
Adjectifs
Adverbes
Noms
Verbes
Négatives
Prépositions
Pronoms
Qui

8.6 Les Pronoms Relatifs Qui / Que / Dont

(a) Qui

'**Qui**' is used to link two parts of a sentence together, or to join two short sentences together to make a longer one.

When you are talking about people, '**qui**' means '**who**'. When you are talking about places or things, '**qui**' means '**that**' or '**which**'. '**Qui**' is **never** shortened.

Examples: Ma meilleure amie, **qui** s'appelle Aisling, a quinze ans.

Ma meilleure amie, **qui** s'appelle Aisling, a quinze ans.

J'habite dans une ville **qui** est au bord de la mer.

C'est une vieille maison **qui** date du dix-huitième siècle.

(b) Que

'**Que**' is also used to link two parts of a sentence together, or to join two short sentences to make a longer one. '**Que**' is used to mean '**which/whom**' or '**that**'. It can refer to people, things or places.

In English, we sometimes leave out the '**which**' or '**that**', but you **must always** use it in French.

'**Que**' can be shortened to '**qu'** ' before a vowel or silent '**h**'.

Examples: Marc est un ami **que** je vois tous les jours.

Le foot est le sport **que** nous aimons le plus.

C'est la matière **qu'**il trouve la plus difficile.

Paul est un sportif **qu'**Henri admire.

(c) Dont

'**Dont**' is used to join two parts of a sentence or to join two short sentences together. It can be translated as '**whose**', '**of whom**', '**about which**', '**about whom**'. It refers back to somebody or something you were already speaking about.

Examples: Voici le garçon **dont** la mère est malade. | *There is the boy whose mother is sick.*

C'est le film **dont** il a parlé hier. | *It is the film about which he spoke yesterday.*

Le chien **dont** j'ai peur est énorme. | *The dog I am afraid of is huge.*

Fill in the gaps in the following sentences with a <u>relative pronoun</u>.

1 Merci pour le livre _____ tu m'as envoyé.

2 Nous sommes dans un camping _____ se trouve près du lac.

3 Je t'envoie les photos _____ j'ai déjà parlé.

4 Je prends le bus _____ passe devant ma maison.

5 L'histoire est la matière _____ j'aime le plus.

6 Nous habitons une vieille maison _____ se trouve aux environs de la ville.

7 J'ai lu des magazines _____ étaient formidables.

8 Mon ami, _____ les parents sont en vacances, reste chez nous.

9 J'ai vu une annonce _____ m'intéresse beaucoup.

10 Peux-tu m'indiquer la nourriture _____ tu n'aimes pas?

9 Poser des Questions (Asking Questions)

It is useful to be able to ask questions in the Written Section of the Junior Certificate, either in the letter or perhaps in the postcard or message. There are a number of ways of doing this.

9.1 Using a Question Mark

Simply write the sentence and put a **question mark at the end** of it. If you were speaking, you would **raise your voice**.

Examples: Tu vas à l'école **?**

Tu as des animaux **?**

Tes parents vont bien **?**

> This is the easiest way to form a question in French but it is informal.

9.2 Changing the Word Order

Change the word order of the sentence by putting **the verb before the subject** (the person or thing doing the action). We do this quite often in English: instead of saying 'You are going' the question is made by saying '**Are you** going?'; 'You will buy', becomes '**Will you** buy?'

- You can do the same in French. Join the verb and subject together with a hyphen.

Examples: Tu vas à l'école. ➤ **Vas-tu** à l'école ?
              Tu as des frères. ➤ **As-tu** des frères ?
              Tu aimes les maths. ➤ **Aimes-tu** les maths ?
              Vous servez le petit-déjeuner. ➤ **Servez-vous** le petit-déjeuner ?

> Don't forget to put in the question mark!

- Sometimes you need to put in an **extra 't'**, to make the pronunciation simpler. This is done in the 3rd person singular (il/elle/on), if the verb ends in a vowel.

Examples: **A-t-il** un animal ?
              Mange-t-elle de la viande ?
              Parle-t-on anglais dans ta famille ?
              Arrivera-t-elle en car ?
              Finira-t-il ses examens bientôt ?

- In the passé composé, you **change the word order** of the **helping verb** and the **subject**.

Examples: Tu as reçu ma carte postale.   ➤ **As-tu** reçu ma carte postale ?
              Elle a lu Harry Potter.   ➤ **A-t-elle** lu Harry Potter ?
              Ils sont sortis hier soir.   ➤ **Sont-ils** sortis hier soir ?

9.3   Using 'Est-ce que'

Use the little phrase '**est-ce que**' **at the start of the sentence** and put a question mark at the end. You do not need to change the word order of the sentence.

Examples: **Est-ce que** tu aimes les animaux ?
              Est-ce que Sylvie va mieux ?
              Est-ce qu'ils arrivent le week-end prochain ?
              Est-ce que vous allez à la piscine ?

9.4   Using 'N'est-ce pas ?'

You can turn a sentence into a question by putting the phrase 'n'est-ce pas ?' at the end of the sentence.

Examples: Tu habites une petite ville, **n'est-ce pas** ?
              Vous ouvrez le week-end, **n'est-ce pas** ?
              Ils sont mignons, **n'est-ce pas** ?
              Ta grand-mère était malade, **n'est-ce pas** ?
              Tes vacances commencent en juin, **n'est-ce pas** ?

> This is similar to saying 'isn't that so?' in English.

Articles
Adjectifs
Adverbes
Noms
Verbes
Négatives
Prépositions
Pronoms
Qu

Articles
Adjectifs
Adverbes
Noms
Verbes
Négatives
Prépositions
Pronoms
Questions

Change the following sentences into <u>questions</u> (try to use a variety of question forms).

1   Tu as des frères et des sœurs.

2   Vous avez des chambres pour ce soir.

3   La poste est près d'ici.

4   Tes parents vont bien.

5   Tu voudrais venir en Irlande cet été.

6   Vous pouvez m'envoyer des renseignements.

7   Tu aimes la dernière chanson de Lorie.

8   Vous pouvez m'aider à faire cet exercice.

9   Tu es sorti le week-end dernier.

10 Ta soeur a trouvé un emploi.

9.5 Common Question Words

Don't forget that there are words such as '**when**' and '**where**', which also introduce a question. The common question words in French are:

où	*where*
qui	*who*
que/quoi	*what*
quand	*when*
comment	*how*
combien/combien de	*how much/how many*
pourquoi	*why*
quel/quelle	*which (one)*
quels/quelles	*which (ones)*
lequel/laquelle	*which (one) of*
lesquels/lesquelles	*which (ones) of*

Articles

Adjectifs

Adverbes

Noms

Verbes

Négatives

Prépositions

Pronoms

Exercise 28

Use a suitable <u>question word</u> to complete the following questions.

1 _____ se trouve ta maison ?

2 Tu as _____ de frères et sœurs ?

3 _____ est-ce que tu pars en vacances ?

4 _____ vas-tu à l'école ? Moi j'y vais en vélo.

5 _____ est ta matière préférée ?

6 Tu parles _____ de langues ?

7 _____ vas-tu faire l'été prochain ?

8 _____ est l'anniversaire de ta mère ?

9 _____ volume de Harry Potter as-tu préféré ?

10 _____ s'appelle ton prof d'anglais cette année ?

To Sum Up

Grammar rules are there to help you, not to cause you trouble.

Learn the endings for the five main tenses by heart.

When you are writing a sentence in French, remember to check the following points:

- Have I used **the correct form of the adjective**?
- Have I put **the adjective in the correct place**?
- Have I put **the correct ending of the verb**?
- Have I put the **ne… pas in the correct position**?
- Have I used **the correct from of le/la/les/l', un/une/des, du/de la/de l'/des, au/à la/à l'/aux**?
- Have I put **the adverb in the correct place beside the verb**?

Always take the time to check these points before you hand up your examination paper.

INFINITIF	PRÉSENT		IMPARFAIT		PASSÉ COMPOSÉ		FUTUR		CONDITIONNEL	
mettre *to put*	je	mets	je	mettais	j'	ai mis	je	mettrai	je	mettrais
	tu	mets	tu	mettais	tu	as mis	tu	mettras	tu	mettrais
	il/elle/on	met	il/elle/on	mettait	il/elle/on	a mis	il/elle/on	mettra	il/elle/on	mettrait
	nous	mettons	nous	mettions	nous	avons mis	nous	mettrons	nous	mettrions
	vous	mettez	vous	mettiez	vous	avez mis	vous	mettrez	vous	mettriez
	ils/elles	mettent	ils/elles	mettaient	ils/elles	ont mis	ils/elles	mettront	ils/elles	mettraient
partir *to leave / to depart*	je	pars	je	partais	je	suis parti(e)	je	partirai	je	partirais
	tu	pars	tu	partais	tu	es parti(e)	tu	partiras	tu	partirais
	il/elle/on	part	il/elle/on	partait	il/on	est parti	il/elle/on	partira	il/elle/on	partirait
					elle	est partie				
	nous	partons	nous	partions	nous	sommes parti(e)s	nous	partirons	nous	partirions
	vous	partez	vous	partiez	vous	êtes parti(e)(s)	vous	partirez	vous	partiriez
	ils/elles	partent	ils/elles	partaient	ils	sont partis	ils/elles	partiront	ils/elles	partiraient
					elles	sont parties				
pleuvoir *to rain*	il	pleut	il	pleuvait	il	a plu	il	pleuvra	il	pleuvrait
pouvoir *to be able to*	je	peux	je	pouvais	j'	ai pu	je	pourrai	je	pourrais
	tu	peux	tu	pouvais	tu	as pu	tu	pourras	tu	pourrais
	il/elle/on	peut	il/elle/on	pouvait	il/elle/on	a pu	il/elle/on	pourra	il/elle/on	pourrait
	nous	pouvons	nous	pouvions	nous	avons pu	nous	pourrons	nous	pourrions
	vous	pouvez	vous	pouviez	vous	avez pu	vous	pourrez	vous	pourriez
	ils/elles	peuvent	ils/elles	pouvaient	ils/elles	ont pu	ils/elles	pourront	ils	pourraient
prendre *to take*	je	prends	je	prenais	j'	ai pris	je	prendrai	je	prendrais
	tu	prends	tu	prenais	tu	as pris	tu	prendras	tu	prendrais
	il/elle/on	prend	il/elle/on	prenait	il/elle/on	a pris	il/elle/on	prendra	il/elle/on	prendrait
	nous	prenons	nous	prenions	nous	avons pris	nous	prendrons	nous	prendrions
	vous	prenez	vous	preniez	vous	avez pris	vous	prendrez	vous	prendriez
	ils/elles	prennent	ils/elles	prenaient	ils/elles	ont pris	ils/elles	prendront	ils/elles	prendraient
recevoir *to get / to receive*	je	reçois	je	recevais	j'	ai reçu	je	recevrai	je	recevrais
	tu	reçois	tu	recevais	tu	as reçu	tu	recevras	tu	recevrais
	il/elle/on	reçoit	il/elle/on	recevait	il/elle/on	a reçu	il/elle/on	recevra	il/elle/on	recevrait
	nous	recevons	nous	recevions	nous	avons reçu	nous	recevrons	nous	recevrions
	vous	recevez	vous	receviez	vous	avez reçu	vous	recevrez	vous	recevriez
	ils/elles	reçoivent	ils/elles	recevaient	ils/elles	ont reçu	ils/elles	recevront	ils/elles	recevraient

INFINITIF	PRÉSENT		IMPARFAIT		PASSÉ COMPOSÉ		FUTUR		CONDITIONNEL	
savoir *to know* (information/ knowledge)	je tu il/elle/on nous vous ils/elles	sais sais sait savons savez savent	Je Tu il/elle/on nous vous ils/elles	savais savais savait savions saviez savaient	j' tu il/elle/on nous vous ils/elles	ai su as su a su avons su avez su ont su	je tu il/elle/on nous vous ils/elles	saurai sauras saura saurons saurez sauront	je tu il/elle/on nous vous ils/elles	saurais saurais saurait saurions sauriez sauraient
sortir *to go out*	je tu il/elle/on nous vous ils/elles	sors sors sort sortons sortez sortent	je tu il/elle/on nous vous ils/elles	sortais sortais sortait sortions sortiez sortaient	je tu il/on elle nous vous ils elles	suis sorti(e) es sorti(e) est sorti est sortie sommes sorti(e)s êtes sorti(e)(s) sont sortis sont sorties	je tu il/elle/on nous vous ils/elles	sortirai sortiras sortira sortirons sortirez sortiront	je tu il/elle/on nous vous ils/elles	sortirais sortirais sortirait sortirions sortiriez sortiraient
tenir *to hold*	je tu il/elle/on nous vous ils/elles	tiens tiens tient tenons tenez tiennent	je tu il/elle/on nous vous ils/elles	tenais tenais tenait tenions teniez tenaient	j' tu il/elle/on nous vous ils/elles	ai tenu as tenu a tenu avons tenu avez tenu ont tenu	je tu il/elle/on nous vous ils/elles	tiendrai tiendras tiendra tiendrons tiendrez tiendront	je tu il/elle/on nous vous ils/elles	tiendrais tiendrais tiendrait tiendrions tiendriez tiendraient
venir *to come*	je tu il/elle/on nous vous ils/elles	viens viens vient venons venez viennent	je tu il/elle/on nous vous ils/elles	venais venais venait venions veniez venaient	je tu il/on elle nous vous ils elles	suis venu(e) es venu(e) est venu est venue sommes venu(e)s êtes venu(e)(s) sont venus sont venues	je tu il/elle/on nous vous ils/elles	viendrai viendras viendra viendrons viendrez viendront	je tu il/elle/on nous vous ils/elles	viendrais viendrais viendrait viendrions viendriez viendraient
voir *to see*	je tu il/elle/on nous vous ils/elles	vois vois voit voyons voyez voient	je tu il/elle/on nous vous ils/elles	voyais voyais voyait voyions voyiez voyaient	j' tu il/elle/on nous vous ils/elles	ai vu as vu a vu avons vu avez vu ont vu	je tu il/elle/on nous vous ils/elles	verrai verras verra verrons verrez verront	je tu il/elle/on nous vous ils/elles	verrais verrais verrait verrions verriez verraient
vouloir *to want* *to wish*	je tu il/elle/on nous vous ils/elles	veux veux veut voulons voulez veulent	je tu il/elle/on nous vous ils/elles	voulais voulais voulait voulions vouliez voulaient	j' tu il/elle/on nous vous ils/elles	ai voulu as voulu a voulu avons voulu avez voulu ont voulu	je tu il/elle/on nous vous ils/elles	voudrai voudras voudra voudrons voudrez voudront	je tu il/elle/on nous vous ils/elles	voudrais voudrais voudrait voudrions voudriez voudraient

Remember! When '*vingt*' and '*cent*' are used as **cardinal numbers**, they take an '*s*' if they are not followed by another number (e.g. *quatre-vingts minutes, deux cents spectateurs*). However, when they are used as **ordinal numbers** (as you will find on our page numbering), they never take an '*s*' (e.g. *la page quatre-vingt, la page deux cent*).

You may also like to look at the website www.orthographe-recommandee.info/, which gives up-to-date information about new rules for the spelling of French words, including the *numéraux composés*. A new rule suggests that all numerals of more than one digit (e.g. 21, 206) may be written with hyphens (e.g. *vingt-et-un, deux-cent-six*). This is simply a recommendation and, as yet, is not universally used in France.